小学生数字素养评价与实践

余丽芹——著

中国轻工业出版社

图书在版编目（CIP）数据

小学生数字素养评价与实践 / 余丽芹著 . -- 北京 :
中国轻工业出版社 , 2025. 8. -- ISBN 978-7-5184
-5233-0

Ⅰ . G623. 582

中国国家版本馆 CIP 数据核字第 202437PQ75 号

责任编辑：张　晗
策划编辑：张　晗　　责任终审：高惠京　　封面设计：锋尚设计
版式设计：砚祥志远　　责任校对：刘小透　晋　洁　　责任监印：张京华

出版发行：中国轻工业出版社（北京鲁谷东街5号，邮编：100040）
印　　刷：北京君升印刷有限公司
经　　销：各地新华书店
版　　次：2025年8月第1版第1次印刷
开　　本：710×1000　1/16　印张：11.75
字　　数：280千字
书　　号：ISBN　978-7-5184-5233-0　定价：79.80元
邮购电话：010-85119873
发行电话：010-85119832　010-85119912
网　　址：http://www.chlip.com.cn
Email：club@chlip.com.cn

240318K6X101ZBW

前 言

在21世纪的今天，我们正生活在一个由移动互联、云计算、大数据等新兴技术交织而成的数字化时代。网络化与数字化不仅深刻地改变了我们的生活方式，还逐渐成为经济社会发展的核心驱动力。随着数字技术的不断渗透和广泛应用，数字素养已经成为衡量个体适应现代社会、实现自主发展和终身学习的重要标尺。在这样一个背景下，培养学生的数字素养，特别是小学生的数字素养，已成为教育领域的当务之急。

小学阶段，作为学生能力和素养的启蒙与基础时期，对学生的未来发展具有至关重要的影响。在这一阶段，学生的思维方式、学习习惯和认知模式都在逐步形成，因此，开展小学生数字素养教育，不仅有助于提升学生的数字技术应用能力，还能为他们的终身学习打下坚实的基础。我国政府对此也高度重视，明确提出将义务教育阶段学生的数字素养达标率纳入教育监测与统计的评价指标体系，这标志着我国数字素养教育已经进入了一个新的发展阶段。

然而，尽管小学生数字素养教育的重要性日益凸显，但我国在相关领域的研究和实践仍然面临诸多挑战。首先，现有的数字素养评价研究大多聚焦于大学生、职校生等群体，专门针对小学生的测评研究还相对匮乏。其次，在评价指标体系的构建上，需要更加紧密结合新时代的人才培养需求，以确保评价的科学性和有效性。再次，小学生数字素养评价工具的应用范围有限，普适性和通用性还有待进一步验证。最后，针对城市与乡镇学校学生数字素养的差异，如何从学校与教师层面进行科学分析，以及家庭教育对小学生数字素养的影响等问题，都需要我们进行更深层次的探索与讨论。

鉴于此，本书应运而生。本书旨在通过系统的理论探讨与实践研究，为小学生数字素养的评价与提升提供科学依据和有效策略。全书共分为七章，各章内容紧密相连，逻辑清晰。第一章为绪论，主要介绍了本书的研究背景、研究意义、研究目标与内容、研究路线与方法，以及组织结构。通过对当前研究的梳理与分析，指出了存在的不足，并明确了本书的研究方向与价值。第二章为小学生数字素养研究现状，系统回顾了数字素养的内涵及发展，梳理了国内外学生数字素养评价指标体系及评价指标赋权方法，总结了学生数字素养测评工具及影响因素的相关研究成果，并指出当前研究的不足。这一章为后续的研究提供了坚实的理论基础。第三章构建了小学生数字素养评价指标体系，详细阐述了小学生数字素养评价指标的内容与赋权方法。该指标体系科学、合理，能够全面、客观地反映小学生的数字素养水平。第四章基于项目反应理论，设计并开发了小学生数字素养测评工具。该工具经过严格的检验与优化，具有较高的可靠性和普适性，为小学生数字素养的测评提供了有力的支持。第五章从学校与教师层面出发，深入分析了影响小学生数字素养的因素，并揭示了不同因素对小学生数字素养的影响程度及其城乡差异。这一章为我们理解学校与教师在数字素养教育中的作用提供了有益的启示。第六章则从家庭层面探讨了小学生数字素养的影响因素。通过采用潜在剖面分析方法，划分了不同的家长类别，并深入分析了不同类别的家长群体特征、家庭背景以及其与子女数字素养的关系。这一章为我们理解家庭教育对小学生数字素养的影响提供了新的视角。第七章论述了小学生数字素养培养的价值、困境及策略。基于SECI理论，构建了小学生数字素养培养模型，并从政府、学校、教师及家庭层面提出了具体的培养策略。这一章为我们提供了小学生数字素养培养的全面框架和实践指导。

本书由湖北工业大学余丽芹老师撰写，是在其博士学位论文的基础上修改完善而成。通过本书的出版，希望能够进一步推动我国小学生数字素养教育的深入研究与实践探索，为培养适应数字化时代要求的复合型人才贡献力量。同时也期待更多教育工作者、家长和社会各界关注与重视小学生的数字素养，共同为促进他们的全面发展而努力。

本书在撰写的过程中，查阅、参考、引用了大量专家、学者的研究成果，在此谨向原作者表示衷心的感谢！同时，由于能力和时间所限，书中难免存在疏漏与不足之处，诚挚地欢迎读者提出宝贵的意见和建议，以期在未来的研究中不断修正和完善。

目 录

第一章

绪论

一、研究背景

（一）数字素养已成为21世纪人们的基本生存能力

1. 数字素养是数字时代公民的基本素养

当前，以云计算、大数据、移动互联为代表的新兴数字技术席卷全球，给人类社会带来前所未有的深刻影响，人们的生产、生活方式正在发生全面变革。技术创新强力推进人类社会由工业社会向数字化社会转型。在社会数字化的知识经济时代，数字被视为一种重要的资源，对数字资源的获取、分析、加工和利用能力已成为数字时代对公民的基本要求。2003年，联合国教科文组织发布的《布拉格宣言》指出，数字素养“是有效参与信息社会的先决条件，也是终身学习的基本人权”[1]。美国图书馆协会（ALA）在1992年就提出，数字素养“是人能够判断确定何时需要数字，并能够对数字进行检索、评价和有效利用的能力”[2]。美国教育技术 CEO论坛在2001年报告中指出，“21世纪的能力素质由五个部分构成，即基本学习技能（指读、写、算）、数字素养、创新思维能力、人际交往与合作精神、实践能力”[3]，其中就包括数字素养。2016年，《中国学生发展核心素养》框架发布，并将数字素养作为重要内容，明确指出21世纪学生“应具备数字意识，重点是能自觉、有效地获取、评估、鉴别、使用数字；具有数字化生存能力，有网络伦理道德与数字安全意识等”。由此可见，数字素养是数字时代公民的基本素养，是个体生存于数字社会的关键能力与必备品格。

2. 数字素养是个体开展自主学习、终身学习的必备能力

随着数字技术的发展及其在教育领域的深度应用，学生的学习方式发生了重大变革。由于数字技术支持下的教育资源实现了远距离、大范围、高效率的传播，学习者由信息的被动接受者转变为信息的主动获取者、管理者及建构者。同时，每一位数字环境下的学习者是信息的消费者，也是信息的创造者、传播者。因此，学习者要在这种去中心化、自组织性强的学习环境中获取新的知识，而完成学习任务则需要具备必要的数字技术应用技能，包括对数字技术软硬件的基本认识，具备一定的软件操作和数字检索、筛选、分析和评价能力，并形成独立观点等。数字素养是一种学习能力，具备数字素养的人知道如何获取数字、使用数字，并借助所需的数字完成手头的任务或进行决策。换言之，

具备数字素养的人不仅仅要掌握检索信息、使用信息的技能，而且要能在瞬息万变的数字社会中始终保持自主学习的能力，从而帮助人们在数字社会的学习、工作和生活中不断提升综合素养，最终实现个体的全面发展。近年，规模化的在线学习进一步对学生数字素养提出了紧迫的要求，如在师生全程不能面对面的学习环境下，学生居家开展在线学习成为中小学生学习的方式之一，数字素养对其在线学习效果具有直接影响，具有良好数字素养水平的学生更能达成自主学习的成功体验[4]。因此，数字素养被视为个体在数字化环境下开展自主学习和终身学习的重要能力。

（二）世界各国普遍关注学生数字素养的培养

1. 数字素养是各国数字技术教育的重要培养目标

世界发达国家高度重视学生数字素养的培养，并将学生数字素养提升作为数字技术教育的重要目标。美国是世界上最早开展数字技术教育的国家。1996年，美国发布了《让美国学生为21世纪做好准备：面向数字素养的挑战》，首次将数字技术教育纳入美国国家的教育体系。2016年，美国计算机协会发布了《K-12计算机科学框架》[5]文件，该文件成了驱动美国数字技术课程改革的纲领性文件。德国是数字化建设程度较高且高度重视学生数字技术教育的国家。2010年，德国发布了《数字与通信技术战略：2015数字化德国》，明确指出在未来教育的5年内，基础教育、未来教育与继续教育的学生应大力提升使用新媒介的能力。2014年，德国政府发布了《数字化行动议程（2014—2017年）》[6]，强调要培养出具备良好媒体素养、适应数字化环境下生存的人才。芬兰政府高度重视使用数字技术促进学生能力发展。2004年，芬兰政府发布了《2004—2006年数字社会教育、培训和研究规划》[7]，该规划提出学校及各教育机构要以数字技术为基础开展学生教育、培训等活动。2014年，芬兰发布了《国家基础教育核心课程大纲》，并将数字素养定义为学生参与当今及未来社会的核心能力。

2. 世界发达国家相继开展了学生数字素养评估实践

世界发达国家将数字素养纳入学校各阶段教育目标与评价体系中，并相继开展学生数字素养评估实践。美国根据中小学生和大学生的数字素养水平、培训目标的不同，分别研制了适用于中小学生的《面向学生学习的数字素养标准》，以及适用于大学生的《美国高等教育数字素养能力标准》。此外，美国还发布了针对具体学科的数字素养标准，如《科学、工程与技术专业学生数字素养标准》《人类学与社会学学生数字素养标准》《新闻专业学生数字素养标准》《师范教育专业学生数字素养标准》等。为有效衡量学生数字素养水平，各国以面向区域、学校的评估项目的方式开展了规模化的评估实践。颇具影响力的学生数字素养评估项目，如美国肯特州立大学数字素养评估项目SAILS（Standardized Assessment of Information Literacy Skills）[8]，该项目是针对高校学生数字素养能力的客观测试，其目的是准确评价高校学生的数字素养水平，以帮助教师和管理者了解学生数字素养的情况。澳大利亚国家评估项目NAP（National Assessment Program）[9]，该项目的重要部分是中小学数字素养评估，每隔三年定期在全国范围内对六年级和十年级学生进行抽样测评。

（三）我国政府高度重视学生数字素养教育

1. 我国政府积极开展学生信息技术教育

在早期阶段，我国学生数字素养的培育主要依托学校的信息技术课程。如在2000年，我国教育部发布了《中小学信息技术课程指导纲要（试行）》《关于在中小学普及信息技术教育的通知》等政策文件，明确指出要在5—10年内普及中小学生的信息技术教育，并将信息技术教育课程作为中小学的必修课程。2003年，教育部发布的《普通高中技术课程标准（实验）》，对高中阶段信息技术课程的目标、内容等进行了统一规定和描绘[10]。伴随着数字技术的广泛应用及与人们学习、工作领域的高度融合，发展学生利用数字技术解决问题的能力，提升学生数字素养水平已成为人们的共识。2010年，教育部发布的《国家中长期教育改革和发展规划纲要（2010—2020年）》指出要加快全民数字技术普及和应用，要增强学生运用数字技术分析解决问题的能力[11]。2012年3月，教育部发布的《教育数字化十年发展规划（2011—2020年）》明确指出要帮助所有适龄儿童和青少年平等、有效、健康地使用数字技术[12]。2012年5月，由中国教育技术协会信息技术教育专业委员会发布的《基础教育信息技术课程标准（2012版）》也明确指出基础教育阶段数字技术课程的总目标是培养和提升学生的数字素养[13]。2018年4月13日，教育部正式发布的《教育数字化2.0行动计划》提出要大力提升教师数字素养，加强对学生的数字素养培育，实现从提升数字技术应用能力向提升数字素养转变。

2. 教育部将学生数字素养监测评估作为2.0时代的重要任务

近年来，为准确把握我国学生数字素养培育的现状，教育部将学生数字素养评估作为2.0时代教育数字化发展的重要任务。《教育数字化2.0行动计划》强调“制定学生数字素养评价指标体系，开展规模化测评，加强学生课内外一体化的数字技术知识、技能、应用能力以及数字意识、数字伦理等方面的培育”[14]。2019年3月，教育部发布了《2019年教育信息化和网络安全工作要点》，明确指出“完成义务教育阶段学生数字素养评价指标体系和评估模型设计，开展对2万名中小学生数字素养测评”[15]。2020年2月，教育部印发的《2020年教育信息化和网络安全工作要点》明确提出“大力实施数字素养全面提升行动，发布中小学生数字素养评价指标体系，培养提升教师和学生的数字素养”[16]。2020年12月，教育部发布了《中国教育监测与评价统计指标体系（2020年版）》的通知，明确将各阶段学生数字素养达标率作为我国教育质量监测的重要指标[17]。因此，构建中小学生数字素养评价指标体系，开展学生数字素养监测与评估是从国家层面对数字化时代个体生存与发展能力诉求的明确回应。

（四）我国在小学生数字素养的测评研究方面还有待加强

1. 小学阶段是开展数字素养教育的重要时期

小学阶段作为义务教育的开端，是学生知识学习、思维发展及行为习惯培养的奠基阶段，也是个体数字素养启蒙与培育的关键时期。在人工智能时代，人机交互、数字创造、数字思维、自主学习、计算思维及对智能社会的深度认知是数字素养的重要内容。随着人工智能技术的快速发展与广泛应用，智能手机、平板电脑、智能手表等多种数字设备越来越多地进入人们的生活。伴随着智能技术或各种数字化产品出生或成长的当代小学生，他们呈现出明显的、与以往不同的群体特征。他们对于各类网络、数字及智能技术具有较强的适应能力，乐意接受新事物或新技术。同时，他们依赖数字技术开展社交活动，习惯基于数字设备的学习与阅读，倾向快速地、非线性地获取并处理数字。因此，他们常被称为“数字原住民”“拇指一代”。此外，作为小学阶段的学生，他们正处在心智尚未完全发育成熟的阶段，好奇心强，需要重点培养对网络数字的辨别能力及科学的网上行为习惯等。因此，从小学阶段加强学生数字素养教育，培养学生数字素养是实现自主学习、终身学习的需要，更是适应当今时代培养创新人才的需要。

2. 关于小学生数字素养测评的研究还比较匮乏

当前，我国中小学生数字素养培育的任务，很大程度上由数字技术课程教学来承担，而对学生数字素养的要求主要分布在课程目标、理念及教学内容中。2003年，我国教育部发布了《普通高中数字技术课程标准（实验）》，并于2017年、2020年分别对此标准进行了修订。迄今为止，我国政府还未发布针对小学阶段的数字技术课程标准，这也给我国研究者在开展小学生数字素养测评研究方面带来了一定的挑战。

在研究层面，截止到2024年12月，在中国知网中，以“学生数字素养评价”或“学生数字素养现状”作为篇名检索词，共检索到75篇文献。研究对象主要以大学生、职校生及医学生为主。其中，涉及大学生评价相关的文献有23篇，职业院校学生评价相关文献14篇（高职学生11篇，中职学生3篇），医学生数字素养评价相关文献6篇。而与小学生数字素养评价的文献相对较少，包含6篇期刊论文、3篇硕士论文。从指标研制来看，与小学生相关的文献多以“中小学生”整体出现，如2017年钱冬明等人发表的《中小学生数字素养评价标准研究和应用探索》、2018年石映辉等人发表的《中小学生数字素养评价指标》、2018年吴砥等人发表的《数字时代的中小学生数字素养评价研究》，重点关注了意识（数字意识、数字态度等）、知识（数字知识、数字科学知识等）、能力（数字技能、数字思维能力）和道德（数字伦理、数字法律）等内容；从测评实践来看，部分研究者开展了针对某一地区的小学生数字素养水平现状的调研，如2019年钱冬明等发表的《中小学生数字素养现状的调查研究——以成都市为例》、2006年王海燕发表的《西北地区中小学生数字素养现状的调查分析》、2008年陈东毅等人发表的《城市中小学生数字素养现状调查与对策分析》及硕士论文《重庆市S区小学高段学生数字素养的现状、问题及对策研究》《小学中高段学生数字素养测评工具的开发研究》《小学高年级学生数字素养现状的调查研究——以相城区珍珠湖小学为例》，这些现状研究测评的范围较小，测评工具的普适性与通用性有待考证。此外，现有研究未对小学生数字素养水平差异进行系统的归因分析，学校、教师与家庭层面对小学生数字素养的影响究竟如何，还亟待进一步开展实证研究来验证。因此，如何设计能有效评估当前智能时代小学生数字素养发展水平的评价指标，开发直接针对小学生数字素养测评的工具，深度剖析学校、教师及家庭层面对小学生数字素养影响的关键因素等一系列问题值得我们进一步关注和思考。

二、研究意义

本书在理论、实践及社会层面具有重要的研究意义，具体表现在如下几个方面。

第一，在理论价值层面，丰富了小学生数字素养测评的理论研究。目前，国内关于学生数字素养的评价研究多以大学生、职校生为主，关于小学生数字素养的测评研究还处于探索阶段。本书开展小学生数字素养测评研究，具有两个方面的贡献：一方面，在对国内外数字素养评价指标分析的基础上，结合当前时代对学生数字素养的新要求，提出了面向智能时代的小学生数字素养评价指标体系，有助于更新和完善学生数字素养评价的指标内容；另一方面，本研究采用实证研究的方式，从学校、教师及家庭层面提出了小学生数字素养的影响因素，构建了影响因素模型，并利用结构方程模型对所提出的影响因素模型进行了分析、检验和验证，有助于丰富小学生数字素养影响因素的理论研究，可为研究者提供一定的借鉴与参考。

第二，在实践应用层面，研究成果可为教育主管部门提供决策参考依据。在现有研究中，缺乏针对我国小学生数字素养的大规模评价实践及对小学生数字素养水平差异的归因分析。本书开发了一套小学生数字素养的测评工具，基于测评工具开展了面向东、中、西部地区的小学生数字素养大规模测评实践，有助于教育行政管理、教育质量监测部门了解我国小学生数字素养的发展现状与水平差异，掌握小学生数字素养培育的成效与不足之处。此外，本书从学校、教师及家庭层面探究了影响小学生数字素养的关键因素，这些关键因素的确立有助于把握小学生数字素养培育过程中的有利条件与不利因素，从而为政府、学校及家庭层面确定小学生数字素养的培育与提升策略提供决策参考。

第三，在社会意义层面，本书的研究结果有助于缩小数字鸿沟，促进社会数字平等和教育均衡发展。数字鸿沟的内涵可划分为两层：一是数字接近机会，如拥有数字技术设备（电脑）、网络接入或网络使用行为方面的差异；二是个体在使用数字技术的能力方面的差异，即在数字素养方面的差异。数字素养是人们投入数字社会的一个先决条件，具有较高数字素养的广大学生是消弭社会性数字鸿沟的中坚力量。从小学阶段开展学生数字素养的评价与培育活动，有助于及早确定干预策略，促进学生数字素养的普遍提高，进而使广大学生能够在数字社会中充分利用各种数字资源与服务，为自己和社会创造更多价值的同时，促进社会数字平等和教育均衡发展。

三、研究目标与内容

（一）研究目标

如上所述，虽然学生数字素养评价已成为当前我国政府部门重点推进的工作内容之一，国内外也相继发布了一些数字素养标准，并开展了数字素养评价实践，但是，目前我国已有关于学生数字素养评价的研究重点关注的是大学生、职校生等群体，针对小学生数字素养测评的实证研究还比较匮乏。在评价指标方面，亟待更新数字素养的内涵与定义，结合新时代对人才的培养目标，构建适应于我国小学生数字素养评价指标的体系。在测评工具方面，小学生数字素养测评工具的应用范围较小，普适性与通用性还有待继续探究。此外，影响小学生数字素养发展的相关因素及其作用机制也尚不明确。

小学阶段作为义务教育的开端，是个体数字素养启蒙与培育的关键时期。应从哪些方面去测量小学生数字素养的水平？如何开发有效测量当前小学生数字素养水平的工具？小学生数字素养的表现如何？学校、教师与家庭层面因素对小学生数字素养的影响如何？这些问题需要我们从理论与实践两个层面进行探究。因此，本书将从指标体系构建——工具编制及应用——影响因素探究三个层面来系统开展小学生数字素养测评研究，以期为小学生数字素养测评与培养提供理论与实践参考。具体来讲，将围绕如下问题展开。

（1）当下小学生数字素养的内涵是什么？应该从哪些方面测量小学生的数字素养？

（2）如何有效测量小学生数字素养的水平？小学生数字素养水平的现状如何？

（3）学校、教师层面影响小学生数字素养的关键因素有哪些？城市学校与农村学校的影响因素是否存在差异？

（4）家长影响小学生数字素养的关键因素有哪些？不同类别的家长对小学生

数字素养的影响是否不同？

（5）在数字化时代，小学生数字素养培养面临的困境是什么？应如何构建小学数字素养培养模型与策略？

（二）研究内容

为解决上述研究问题，本书将展开如下的研究。

第一，基于当前时代对学生能力或素养的新要求及既有研究对学生数字素养的定义，提出对人工智能时代小学生数字素养内涵的界定；综合比较国内外学生数字素养的评价标准，对核心要素及子要素进行抽取、发散，采用德尔菲法及主–客观赋权的方法构建针对智能时代小学生数字素养的评价指标体系。

第二，基于所构建的评价指标体系，借鉴国际大规模学生数字素养测评工具的研制流程，设计并开发小学生数字素养的测评工具。基于项目反应理论，采用Rasch模型（一种统计模型，用于测试和问卷调查数据的测量与评估）对测评工具进行检验与优化。在形成正式的测评工具后，基于所开发的测评工具，从我国东、中、西部地区开展应用实践，从而分析我国小学生数字素养的整体现状及差异特征，并进一步验证测评工具的可靠性、合理性与普适性。

第三，应用小学生数字素养的评价指标及测评工具，调查学校与教师层面因素对小学生数字素养的影响。从所调研区域选择部分样本，基于CIPP模型，从投入、过程及产出的视角探究学校与教师层面因素对小学生数字素养的影响路径，并探讨不同类型学校（城市学校/乡镇学校）影响路径的差异。

第四，在学校与教师因素调研的基础上，进一步探究家长层面因素对小学生数字素养的影响。首先，采用以个体为中心的研究方法，分析家长在数字技术应用能力上的潜在类别，总结归纳不同家长类别的特征；其次，在划分家长数字技术应用能力潜在类别的基础上，探究家庭背景变量对家长数字技术应用能力类别的影响；最后，分析不同类别的家长对其子女在数字素养整体及各维度表现影响的差异。

第五，总结小学生数字素养培养的价值、困境与对策。首先，阐述小学生数字素养提升的时代意义与价值；其次，总结当前小学生数字素养培养的现实困境与挑战，基于SECI理论构建了小学生数字素养培养的模型。最后，从政府、学校、教师及家庭层面提出小学生数字素养的培养策略。

四、研究路线与方法

（一）研究路线

本书主要根据指标体系构建——工具编制及应用——影响因素探究的研究路线来开展针对小学生数字素养测评的系统研究，绘制的技术路线如图1-1所示。

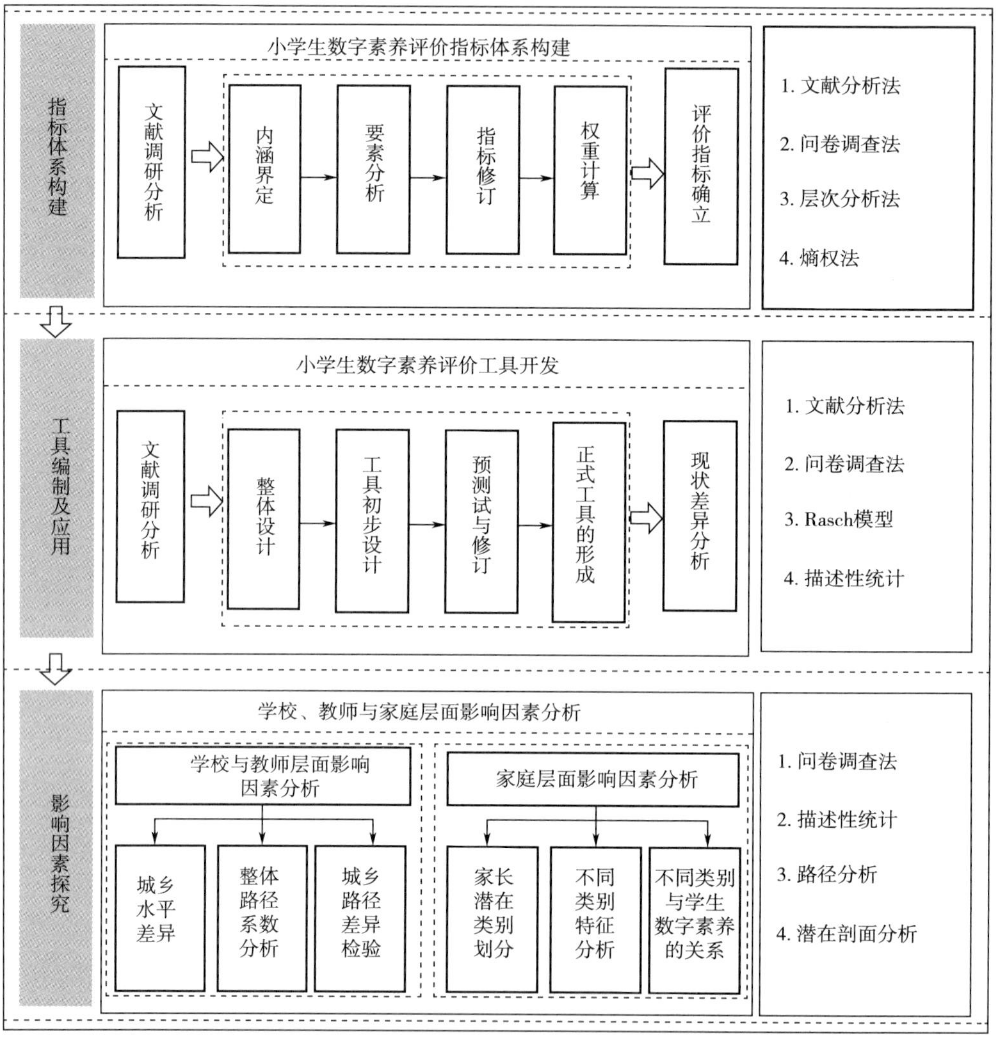

图1-1 技术路线图

（二）研究方法

本书应用的研究方法主要包含三类，具体如下。

（1）文献研究法。文献研究法主要是指通过搜集、鉴别、整理文献，并通过对文献中所提到的方法、内容、案例进行系统分析，形成对事实科学认识的结论的研究方法。本书通过对数字素养内涵、学生数字素养评价标准、学生数字素养评价工具及影响因素等相关的论文、著作、报告进行归纳分析，从而为界定智能时代学生数字素养的内涵、厘清数字素养的核心要素、构建评价指标、研究工具编制及影响因素提供参考依据。

（2）问卷调查法。问卷调查法是一种结构化的调查方式，常以设问的方式来了解被调查者的想法、态度及行为等。在本书小学生数字素养评价指标的构建过程中，通过编制调查问卷，了解专家对评价指标体系的看法与意见，从而确定评价指标体系的主观权重；在开发小学生数字素养的测评工具时，编制调查问卷调研教育数字化、教育测量领域的专家与中小学一线教师对各测评试题的意见，并根据专家意见进一步修订题目；在探究影响因素的过程中，根据研究的目的，分别编制调查问卷用以了解学校、教师及家长的相关情况。

（3）数理统计分析法。数理统计分析法是以概率论为基础，运用统计学的方法，如利用样本的平均数、标准差、相关系数、回归及聚类分析等统计量对数据进行分析，来探究各因素间相互联系的规律性的研究方法。在本书中，采用熵权法计算小学生数字素养评价指标的客观权重，采用基于乘法综合的方法计算评价指标的组合权重；基于项目反应理论，应用Rasch模型对小学生数字素养的测评数据进行分析，计算评价工具的难度、区分度及效度等；利用SPSS、AMOS和Mplus等统计分析建模软件，对学校、教师及家长等调查变量进行描述性统计分析，采用路径分析法探究学校与教师层面因素对小学生数字素养的影响路径，采用潜在剖面分析方法探究家长数字技术应用能力的潜在类别，并分析不同家长类别与学生数字素养的关系等。

五、组织结构

本书分为七个章节，组织结构和各章节内容如图1-2所示。

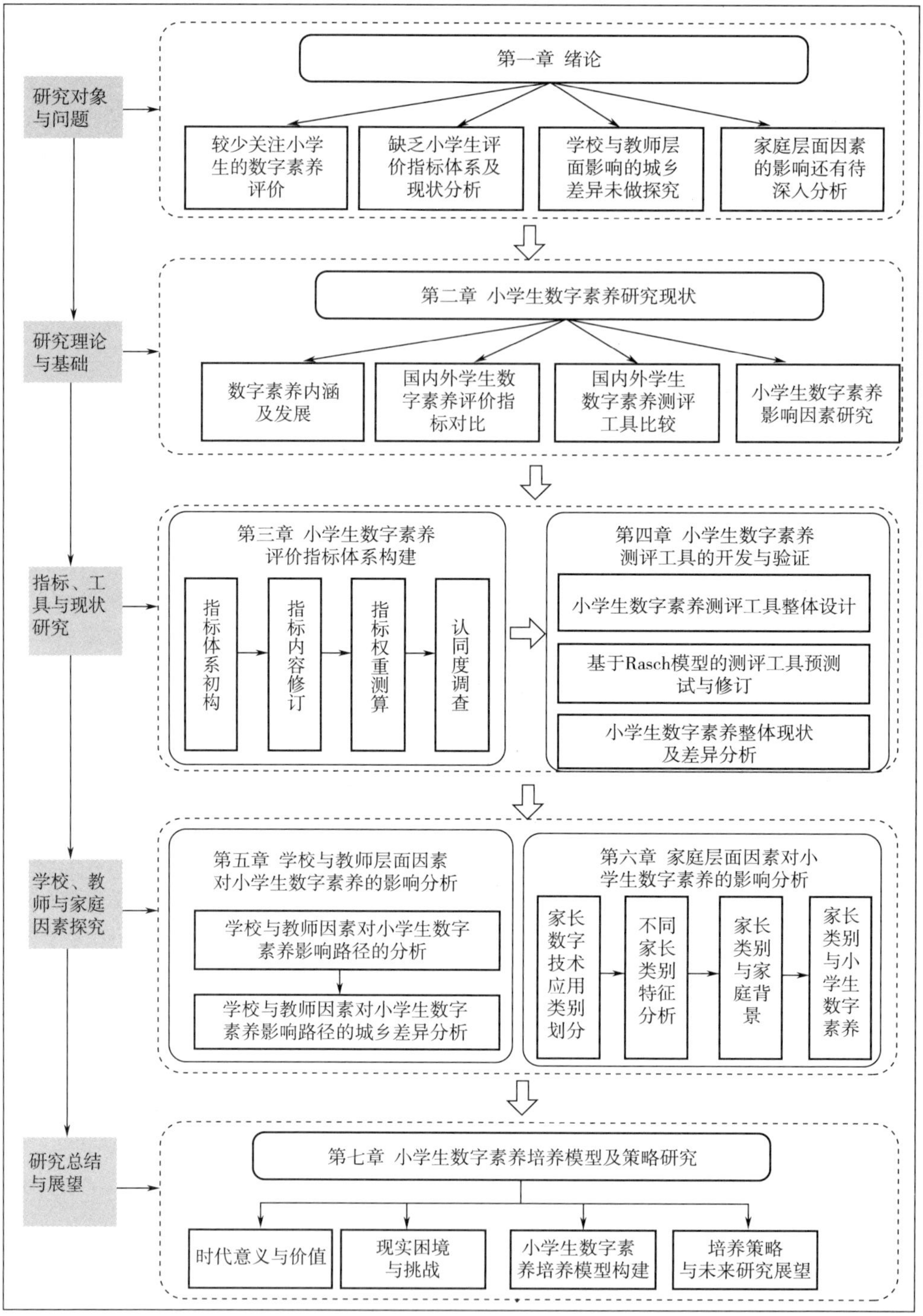

图1-2 本书的组织结构和内容

【本章小结】

本章旨在对研究路线与内容框架进行综合描述。首先，对学生数字素养评价的相关研究背景与研究现状进行了介绍，指出当前研究的不足，并对开展本研究的意义进行了陈述；其次，描述了本研究的整体目标与主要的研究内容；最后，对本研究开展的具体路线与研究方法进行了简要介绍，并对全书的组织结构进行了呈现。

第二章

小学生数字素养研究现状

一、数字素养的内涵及发展

（一）数字素养的概念

1. 素养的含义

素养是一种习惯、准备，一种准备就绪的状态，或一个特定行为方式的倾向。在西方国家，素养一词常被译为literacy，最初的含义表示读与写的能力，识字，有文化[18]，常指人们所应该具备的关于读与写方面的基本知识。有研究者认为素养是后天习得的，并不是单一的一种行为，而是包含多种行为，是必要的能力的结合。随着社会的发展及网络技术的进步，素养的含义与内涵也得到不断扩充。欧盟认为，素养是通过一定的教育手段或培训而获得的，并将素养界定为一个整体性概念，是对个体发展、社会参与等所需要的知识、技能与态度的综合。经济合作与发展组织（OECD）将素养定义为在某一特定情境中应对复杂需求的能力，需要综合调动知识、技能、态度及情感等方面的因素[19]。因此，在发展学生素养时，除了要注重知识、技能及情感态度方面的培养外，还要注重思考与问题解决的思维方法与价值观的培养。

2. 相关概念辨析

在过往研究中，社会、媒体、教育等领域根据各自的领域特征将数字素养表征为“计算机素养”（Computer Literacy）、“数字素养”（Digital Literacy）、“媒体素养”（Media Literacy）、“数据素养”（Data Literacy）、“ICT（ICT，即information and communications technology，信息与通信技术）素养”（ICT Literacy）等概念。计算机素养[20]源于计算机科学和数字学，强调对于机器能力的理解，强调使用计算机设备、软件和设施的能力；数字素养产生于数字化时代，指利用各种数字设备与技术检索、理解、评价、创造并交流数字的能力；媒体素养[21]兴起于媒体与公民研究，指对媒介数字批判性获取、分析、评价和传播的能力；数据素养是伴随着云计算、大数据等技术的兴起，指对日常生活与生产过程中产生的各种类型的数据进行采集、分析并诠释数据背后的意义，从而用以指导问题的决策的能力。ICT素养[22][23]起源于图书馆学和数字科学，是一种强调数字意识、数字查找、获取、分析、使用及评价，批判性思考及问题解决的综合能力。

纵观这些术语，虽起源学科与背景不同，但仍有一些相同之处。第一，这些术语都包含两层词汇属性：一是与技术属性有关的，如Computer、Digital、Media、ICT等；二是与人文属性相关的，如 Literacy、Technology等。第二，都强调检索、获取、使用、处理数字的能力。第三，都强调创造数字很重要。第四，大多数都强调支持负责任和合乎伦理地使用数字和通信技术的重要性。第五，都强调数字沟通。随着社会的发展，这些术语出现相互融合的态势，具有单一的某种素养或能力已不能适应当前社会的发展需求，具有综合素养和能力则是21世纪对人才的基本诉求。

（二）数字素养内涵的发展历程

自20世纪70年代“Information Literacy”这一概念被提及，关于其定义一直没有统一的标准，且在不断演变中。总体上来看，其内涵演变可分为三个阶段：早期阶段（20世纪70年代—80年代初）、发展阶段（20世纪80年代—90年代初）、成熟阶段（20世纪90年代至今）。不同发展阶段的数字素养，其内涵关注的重点并不一致，具体如图2–1所示。

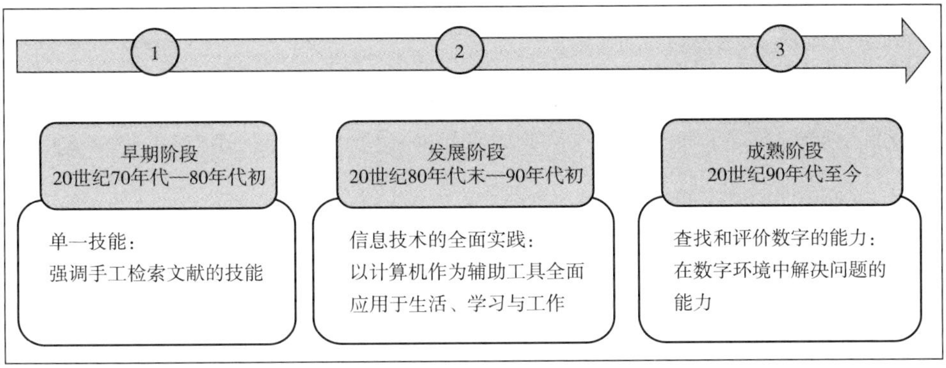

图2–1　数字素养的内涵演变

在早期阶段（20世纪70年代—80年代初），数字素养的内涵被视为一种单一的技能，如利用计算机检索文献的能力。典型定义如1974年，美国信息产业协会主席保罗·泽考斯基认为数字素养是利用各种数字工具来获得数字资源以及解决数字问题的能力[24]。在此阶段，数字素养仅被认为是运用各种数字工具来解决工作环境中所遇到的各种问题，主要强调个人的数字技能。

在发展阶段（20世纪80年代—90年代初），数字素养的内涵扩展为包含数字的发现、查找、评价、利用及做出决策等综合能力，强调的是对数字技术相关技能的全面实践，主张将计算机作为辅助工具全面应用于日常生活、学习、工作中。如在1989年，美国图书馆协会提出的数字素养定义："具备数字素养的人首先能够确定何时需要数字，其次拥有查找数字的能力，并且可以对数字进行评价和利用。"

在成熟阶段（20世纪90年代至今），个体所面临的社会环境日益数字化和多元化，个体在学习、工作和生活过程中的数字实践活动日益复杂，数字素养强调的是对数字的敏感，独立思考以及利用数字技术促进实际问题解决的能力。如联合国教科文组织的《布拉格宣言》不仅将数字素养定义为是人们有效参与信息社会的先决条件，同时指出具有数字素养的人能够确定数字需求，查找、组织数字资源及有效使用、交流与生产数字[25]；2013年，教科文组织发布的《媒体与数字素养政策和战略指南》提出了媒体与数字素养的定义，认为除了在查找、获取数字资源之外，还要以有效的视角对数字内容进行判断、创造、使用和分享[26]。2021年，国际学生评估项目（The Programme International Student Assessment，PISA）发布了数字素养评估框架，其中对数字素养界定为获取、评价、管理、共享、交流、转换、创造数字的能力，在数字环境中利用计算思维解决问题的能力，合乎规范地应用ICT（信息与通信技术）的能力以及对ICT使用的态度和倾向[27]。2018年，国际计算机与数字素养测评团队（International Computer and Information Literacy Level Study，ICILS）的专家认为共享数字、编程能力、计算思维应作为数字素养考察的重要组成部分[28]。

二、学生数字素养评价指标体系的研究

（一）国外学生数字素养评价标准研究

国外相关组织及机构较早开展了学生数字素养评价，相继发布了系列学生数字素养评价框架/标准。由于具体国情的差异，各评价框架/标准的评价目标与关注的评价指标并不一致。从评价目标与指标内容两大维度，对国际典型的学生数字素养的相关评估框架/标准进行分析，结果如表2-1所示。

表2-1　国际典型学生数字素养评估框架/标准分析

框架/标准名称	评价目标				指标内容													
	促进学生学习	促进个人生存发展	监测学生数字素养水平	促进数字素养教育	数字需求	数字识别	数字态度	数字查找	数字使用	数字评价	数字加工	数字交流	数字创造	数字道德与伦理	数字安全	数字法律法规	问题解决能力	计算思维
《澳大利亚高等教育数字素养标准框架》	√				√	√	√	√	√	√	√			√				
《澳大利亚与新西兰数字素养框架：原则、标准与实践》	√				√	√	√	√	√	√				√	√			
《面向学生学习的数字素养标准》	√				√	√	√	√	√	√		√		√	√			
《面向媒介和数字素养的指标》		√			√	√	√	√	√	√	√	√	√	√	√	√		
《美国高等教育数字素养能力标准》			√		√	√	√	√	√	√				√	√	√		
《全球媒体和数字素养评估框架》			√	√	√	√	√	√	√	√	√	√		√	√			
《计算机与数字素养水平评估框架》			√		√	√	√	√	√	√	√	√	√	√	√	√	√	√
《数字素养七大支柱模型》				√	√	√		√	√	√	√	√	√	√	√			
《高等教育数字素养框架》				√	√	√	√	√	√	√	√			√	√			
《科学、工程、技术领域学生数字素养标准》	√	√			√	√	√	√	√	√	√		√	√		√	√	√
《韩国中小学生数字素养评估框架》			√		√	√	√	√	√	√	√	√	√	√	√	√	√	√

从评价目标来看，可以分为四大类[29]：促进学生学习、促进个人生存发展、监测学生数字素养水平、促进数字素养教育。以促进学生学习为目标，旨在帮助学生成为数字社会中终身的、独立的学习者。如《澳大利亚高等教育数字素养标准框架》[30]《澳大利亚与新西兰数字素养框架：原则、标准与实践》[31]及美国学校图书馆协会（AASL）和美国教育传播与技术协会（AECT）联合制定的《面向学生学习的数字素养标准》[32]均从学生的角度出发，培育与发展学生的数字素养，促进学生的自主学习与终身学习。以促进个人生存发展为目标的学生数字素养评价标准，旨在帮助学生发展全球知识经济社会所需的基本技能，并能有效参与社会活动中。如联合国教科文组织发布的《面向媒介和数字素养的指标》[33]。以监测学生数字素养水平为目标重点评估学生获取数字、处理、使用与评价数字的能力，相应的标准作为评估学生数字素养的指南。如美国大学与研究图书馆协会（ACRL）发布的《美国高等教育数字素养能力标准》、联合国教科文组织发布的《全球媒体和数字素养评估框架》、国际教育成绩评估协会（IEA）发布的《计算机与数字素养水平评估框架》。以促进数字素养教育为目标从教学的角度出发，旨在为在课堂教学实践中培育与发展学生数字素养提供框架与实践路径。典型标准如英国国家和大学图书馆协会（SCONUL）发布的《数字素养七大支柱模型》、ACRL颁布的《高等教育数字素养框架》。

从评价指标的内容来看，通过对国际上影响广泛的多个关于数字素养的能力标准或框架进行对比分析、界定能力核心要素、归并相似定义，我们发现数字素养的能力维度集合主要包括以下四个方面：一是数字需求与意识，主要指明确数字的需求是什么，并且能够主动有意识地去获取，相关的指标描述如数字获取、数字需求、数字采集、数字识别。如《美国高等教育数字素养能力标准》将数字需求的要求具体描述为“有数字素养的学生能够根据数字确定数字的价值、对于需求数字进行概念描述”[34]；《全球媒体和数字素养评估框架》将数字需求的表述为“确定与数字需求相关的关键概念、学科专业，将需求转化为行动”[35]。二是数字知识与技能，主要指对数字的获得、处理技能及数字的沟通与交流，相关指标描述如数字获取、数字搜索、数字存储与管理、数字整合、数字评价、数字创造。如《澳大利亚高等教育中的数字素养标准框架》将数字获取能力具体描述为“能构造并实施检索策略，选择最合适的研究方法和数字检索手段”。Foo等人建构了一套以数字加工过程为中心的数字素养评价框架，据此评价新加坡中学生的数字素养水平，主要包括五个方面：①确定所需的数字内容；②筛选数字源；③寻找和评估数字；④判断并使用数字；⑤反思数字获取的过程和成果[36]。此外，还包括数字的沟通合作、对待数字社会的积极态度和社会责任。如联合国教科文组织发布的《面向媒介和数字素养的指标》中关于数字素养的指标包含三个维度，而关于使用/创造/交流数字部分要求能评价数字的有用性，符合伦理规范地使用媒体和数字。三是数字伦理与道德，主要指在数字社会中应遵守的基本行为规范，相关指标描述如数字使用态度、数字道德、经济法律和社会、数字安全[37]。如美国大学与研究图书馆协会发布的《科学、工程、技术领域学生数字素养标准》将数字道德与法律的描述为“学生在使用数字时会考虑到与数字相关的道德、经济、法律问题，能够合乎道德与法律的要求来利用数字以实现自己的目的”。四是数字思维及问题解决能力。如国际学生评估项目（PISA）发布的《2021数字素养评估框架》，指出数字素养除包含利用数字技术获取、评价、管理、共享、交流、转换、创造数字的能力外，还应包含在数字化环境中利用计算思维解决问题的能力以及合乎规范地应用数字技术的态度与倾向[38]。为评价韩国小学生数字素养水平，Kim等人提出了《韩国中小学生数字素养评估框架》，其数字素养包括七个方面：问题解决策略、数字分析与评估、数字查找、计算思维、数字沟通、数字组织与创造及数字使用与管理[39]。国际计算机与数字素养测评团队在2018年发布的《中小学生数字素养评估框架》，将编程能力、计算思维作为数字素养考察的重要组成部分[28]。

（二）国内学生数字素养评价指标研究

国内相关组织及研究学者也在学生数字素养评价指标方面进行了探索，如制定了针对某一地区的高校学生数字素养评估框架、标准及评价体系。典型代表有北京高校图书馆学会发布的《北京地区高校数字素质能力示范性框架》、教育部高校图工委数字素质教育工作组制定的《中国高校数字素质教育指标体系》[40]。此外，部分研究者也相继提出了学生数字素养评价指标并开展了相应的实证研究。国内学生数字素养评价标准对比分析结果如表2–2所示。从评价对象来看，已有研究重点关注评价对象集中于大学生[41][42]，大学生作为被测对象的文章数量远多于中小学生，部分研究者提出了针对职校生[43]及师范生[44]的学生数字素养评价指标。少有研究者关注小学生的评价指标体系，虽有一项研究[45]提出了针对中小学生的数字素养评价指标，但也是与中学生一起构建；从指标内容来看，主要是数字知识、数字意识、数字检索、数字判断、综合利用能力及数字道德伦理等维度的评价指标体系，对思维层面的评价指标少有提及。

表2-2 国内学生数字素养评价指标分析

时间	研究者	评价标准/指标名称	评价对象	指标内容
2001年	陈文勇等	《高等院校学生数字素养能力标准》	大学生	数字识别、数字需求、数字检索、数字评价、数字传播、数字道德
2006年	北京高校图书馆学会	《北京地区高校数字素质能力示范性框架》	大学生	数字意识 、数字知识、数字能力 、数字道德
2006年	陈延寿	《大学生数字素质评价标准》	大学生	数字意识、数字检索、数字分析组织、数字综合利用、数字道德修养
2006年	王克平等	《新市民知识素养评价体系》	社会公民	知识意识、知识能力、知识伦理
2006年	廖仁光等	《大学生数字素养评估体系》	大学生	数字意识、数字获取、数字批判性评价、数字创造、数字辨别、数字伦理
2008年	高校图书馆工作委员会	《高校大学生数字素质指标体系及数字素质教育知识点（讨论稿）》	大学生	数字需求、数字评价、数字协作交流及负责任地利用数字
2009年	邱璇	《高校学生数字素养评价标准》	大学生	数字需求、数字查找、数字获取、数字评价、数字处理、数字伦理、数字安全
2013年	钟志贤	《社会成员数字素质评价标准》	社会公民	数字工具运用、数字获取、数字创造、数字协作、数字免疫
2018年	石映辉等	《中小学生数字素养评价指标》	中小学生	数字意识与认知、数字科学知识、数字应用与创新以及数字道德与法律
2020年	张晓寒	《职业院校学生数字素养标准》	职校生	数字意识、数字知识、数字能力、数字伦理
2020年	李毅等	《师范生数字素养评价指标》	师范生	数字意识与需求、数字道德与安全、数字知识与技能、数字技术教学运用等

（三）评价指标赋权方法研究

评价指标的赋权方法主要包含两大类：主观赋权法与客观赋权法。在主观赋权法研究方面，如曾晓牧等人在制定北京地区高校数字素质能力指标体系时，通过德尔菲法征询群体专家的意见而获得专家对高校数字素养能力指标的共识[46]。周美芳采用层次分析法构建了高校学生数字素养评价指标体系，并建立了高校学生数字素养模糊综合评价模型[47]。张铁墨等人通过引入模糊综合评价方法来评价初中学生数字素养水平，并通过案例验证了这种评价方法的科学性[48]。在客观赋权法的应用方面，彭瑞霞等人根据回归分析结果偏差的最小化来确定数字素养评价指标的权重[49]。阎国栋在设计高职院校教师数字素养评价指标体系时，先利用层次分析法计算一级指标的指标权重，再利用数据包络分析法确定各指标的二级指标的权重[50]。李永先等人采用德尔菲法对学校图书馆人员、教师、学生进行问卷调研，采用统计法确定高校学生数字素养各指标的最优权重[51]。董薇等人基于灰色系统理论视角建立了数据素养能力评价多层次理论模型[52]。

总体来说，主观赋权法从定性分析的角度出发，能考虑到客观的实际情况，使指标的权数更具有现实意义，但同时也带有个人的主观随意性。而客观赋权法与当前样本数据有关，虽能充分考虑到数据的离散性、相关性和对比强度，但无法根据现实情况对指标权数做出对应调整。因此，在数字素养评价领域，需要结合二者制定一套科学的评价指标体系。

三、学生数字素养测评工具的研究

（一）国外学生数字素养测评工具

国外较早开展了学生数字素养评价，测评工具发展较为成熟。大体可以划分为三种不同类型：基于试题的评价、基于量表的评价及基于计算机的情境任务的评价。不同的测评工具在评价侧重点、评价方式及优缺点方面各有不同，对比分析的具体结果如表2-3所示。

基于试题的评价是指通过学生回答客观题的对错得分来判断其数字素养水平的高低。试题通常以多项选择、是非判断、匹配题等题型为主。国外基于试题的测评工具代表包括美国肯特州立大学设计的“面向高校学生的数字素养能力标准评价”（Standardized Assessment of Information Literacy Skills，SAILS）[8]和“面向中

表2-3 不同类型的数字素养测评工具比较

工具类型	典型工具	评价侧重点	评价方式	工具优缺点
基于试题的评价	SAILS、TRAILS	数字技术理论知识及应用技能	以客观试题的方式来评价学生的数字素养	优点：能较客观测量学生数字素养水平，易于统计分析，适合大规模测评； 缺点：对试题的质量要求较高
基于量表的评价	计算机或数字技术自我效能	使用计算机或数字技术的自信程度	利用量表来测量学生对计算机或数字技术的态度	优点：关注学生对计算机或数字技术观点或态度的评价； 缺点：主观性强
基于计算机的情境任务的评价	ICILS、ATC21S	数字查找、数字获取、数字评价及数字伦理道德等	结合现实情境的任务来评价学生的数字素养	优点：多样化的情境任务有利于诱发学生的真实反应，提升学生的参与兴趣； 缺点：对技术要求高，需单独在测试环境中安装应用程序

小学生的数字素养能力实时测评”（Tool for Real-time Assessment of Information Literacy Skills，TRAILS）[53]。基于试题的评价重点评价学生的数字技术理论知识及部分应用技能，但在实际组织实施中较为简单且可设置成在线版本，是目前为止应用最为广泛的大规模学生数字素养测评的工具。同时，由于数字素养的评价结果主要依赖试题评价后的量化数据，因此，对试题的质量要求较高，在正式测评前，需要开展多轮预测试来检验试题的质量，如区分度、难度等。

基于量表的评价主要指采用量表的方式收集学生自我判断计算机或数字技术使用的自我效能来评价学生的数字素养水平[54][55][56]。相关研究指出，自陈式量表评价方式完全取决于学生对自己的数字素养水平的准确认知，具有较强的主观性[57]。此外，有研究者探讨基于量表的评价结果与基于试题的客观结果之间的关系，结果发现两者之间没有显著关系，即低水平的参与者更可能高估自身的数字素养水平，而高水平的参与者则会低估自身的能力。如Rohatgi等人发现基础数字技术自我效能感与数字素养能力呈正相关，而先进的数字技术自我效能感与数字素养呈负相关[58]。此外，有研究者发现男生与女生在评价自我数字素养水平方面存在显著差异，男生普遍比女生更有信心使用数字技术，而这种数字技术自我效能与其在数字素养方面的实际水平并不一致[59]。

基于计算机的情境任务的评价通过设置真实情境任务来诱发学生的行为表现，从而根据学生完成任务时产生的数据来评价学生的知识、技能与能力。基于计算机的情境任务的评价的典型代表有国际计算机与数字素养测评团队和21世纪能力的教学与评价项目（Assessment and Teaching of 21st Century Skills Project，ATC21S）等。这些情境任务具有丰富性、仿真性、游戏化等特点，主要考查学生的知识、数字检索、问题解决、逻辑思维等能力，对技术要求高，学校需提前在学生的计算机终端安装软件应用程序并进行测试[60][61]。

此外，部分学者也开展了基于档案袋的评价，通过收集学生的数字作品、测评反思等来考查学生对数字知识、数字意识及数字技能的掌握程度[62]。

（二）国内学生数字素养测评工具

国内关于学生数字素养评价的研究较晚，评价工具较为单一。大部分研究者采用了基于量表的评价方式来测量学生的数字素养水平。如吴晓伟等人通过设计31个题项、4个维度的网络数字素养量表测量大学生的网络数字素养能力[63]。吴吟设计了媒介数字素养测评量表，具体包含媒介技能、媒介批判和媒介态度，并应用其对浙江376名青少年进行数字素养水平的调查[64]。张辉蓉等人设计了针对初中学生数字技术素养的调查问卷，主要考查学生对“数字知识与技能”“互联网+思维”“数字意识”“数字伦理”等方面的了解[65]。王海燕等人采用基于量表的方式从数字意识、数字知识、数字能力及伦理道德方面调研了西北地区的中小学生的数字素养现状[66]。也有研究者采用了基于试题的评价方式来测量学生的数字素养水平。如朱莎等人设计开发了中学生数字素养水平的评估工具，主要从数字科学知识、数字应用与创新、数字道德与法律、数字意识与认知等维度评估中学生的数字素养水平[67]。汤罡辉等人采用试题测评的方式从数字意识、数字基础知识及技术知识、数字道德等方面调研中山大学学生的数字素养水平[68]。

四、学生数字素养影响因素的研究

学校是开展学生数字素养教育的主要阵地，而家庭教育作为学校教育的重要补充，尤其是针对低年龄段的小学生，家庭环境及家长个体层面因素对学生数字素养也具有重要影响。因此，本书将重点从学校层面、教师层面以及家庭层面梳理对学生数字素养影响的相关因素。

（一）学校层面因素对学生数字素养的影响

已有研究表明学校的ICT基础设施、学校数字技术的可获得性、学生的ICT设备配比、计算机课程开课率、教师的专业发展水平等是学生数字素养的预测因素。如Kim等人探究了韩国中小学生数字素养影响因素，结果表明每个学生拥有的ICT基础设施（计算机、平板）的数量与学生数字素养水平呈显著正向相关[69]。Zhong等人通过对2003—2006年的国际学生PISA评估数据进行分析，结果表明学校的ICT可获得性、每位学生拥有的设备与学生的数字素养呈正相关，而与学校的类型（公立/私立）无关[70]。同时，已有研究表明如在确保硬件设备资源充足的前提下，软件资源如计算机课程的开设对学生的数字素养具有正向影响，即学生完成计算机相关课程的比例越高，其数字素养水平也就越高。此外，Lorenz等人研究表明，教师利用数字技术促进专业发展活动的频次对其所教学生的数字素养水平具有显著影响[71]。

由于传统的城乡二元结构，城市与农村在经济发展水平、基础设施、公共服务及教育水平等方面存在差异，而在这些差异中，教育水平的差异是最为显著的[72]。数字素养是个体适应数字时代和社会发展需要的正确价值观、必备品格和关键能力，中小学生数字素养城乡差异已得到不少研究者的关注。2008年，Hohlfeld等人提出了学校数字鸿沟的层次框架，数字鸿沟的第一层次是指数字技术基础设施的可获得的机会，比如师生所拥有的计算机的比例、软件资源的数量及互联网的接入类型等；数字鸿沟的第二层是指学生和教师使用数字技术的差异，如使用频率、使用目的及如何利用数字技术增强个人能力等[73]。Kim等人指出，“弥合数字鸿沟的关键不在于获取或使用先进的数字技术设备，而在于用户是否懂得使用数字技术来提升个体能力，改善学习与生活的绩效”[69]。

为进一步了解城乡差异导致的数字鸿沟，研究者们指出一系列需要密切关注的因素。Liao等人调研了我国台湾地区城市与农村学生的数字素养现状，结果显示生活在城市的学生的数字素养普遍比农村地区的学生高，城市学生与农村学生的数字素养均受家庭计算机、网络设施等条件的影响[74]。Chang等人运用Blinder–Oaxaca分解法分析了家庭和学校的计算机数量、家庭的互联网连接、母亲的教育水平、学校每周提供的计算机课程数量对农村和城市学生之间数字素养差异的相对贡献[75]。Li等人发现，与城市同龄学生相比，农村地区学生在互联网接入、数字技术设备使用及网络自我效能的得分都较低[76]。Lu等人分别调研了城市和农村地区的中小学校教育数字化的应用状况，结果表明拥有多媒体教室数量较多的学校，其教师的数字技术教学能力、教师网络交流能力也较强[77]。张屹等人研究发现，教师利用网络开展互动、交流协作能显著提升其数字技术课程整合能力[78]。

（二）教师层面因素对学生数字素养的影响

教师作为学生数字素养教育的组织者、合作者与实施者，其ICT自我效能、ICT教学及ICT协作对学生的数字素养具有显著影响。如Aesaert 等人研究表明，教师ICT自我效能对学生数字处理和沟通、交流方面有正向影响；同时，该研究还指出教师利用ICT开展教学活动、将ICT作为教学辅助工作对学生的数字与交流能力具有显著、正向影响[79]。此外，教师ICT协作主要指教师利用ICT相互交流教学经验，协作共建教学材料，探讨如何促进数字技术与课程整合等。已有研究表明教师ICT协作对学生的数字素养具有一定的积极影响。例如，Zhu等人采用回归分析法分析了教师对中学生数字素养的影响，结果表明ICT自我效能感较高、与他人合作频繁使用ICT的教师，其所教学生的数字素养也相对较高[80]。

同时，教师ICT教学与ICT协作也受其他因素影响。有研究者指出学校ICT基础设施的可获得性（师机比、生机比）对教师ICT教学使用具有显著影响[81][82]。此外，数字教育资源、学校的ICT规划、教师ICT之间的协作也对教师ICT教学具有重要影响。如Govender等人研究表明缺乏相关的数字课程教学资源也是阻碍教师课堂应用ICT的一个因素[83]。Tondeur等人的研究结果表明，那些制定了教育数字化发展规划，重视开展数字技术与学科整合培训的学校的教师更愿意在课堂上使用ICT开展教学[84]。此外，教师的性别对教师的ICT使用具有显著影响，如有研究者指出男性年轻教师更倾向于在课堂上使用ICT促进教学[85][86][87][88]。关于教师ICT协作的影响方面，Schulz等人采用定性与定量研究法对影响教师使用ICT开展协作的重要条件进行持续5年的跟踪研究，结果表明，技术及ICT设备的不足、缺乏高级的教师ICT教学培训是阻碍教师利用ICT开展协作的主要因素[89]。在个人层面，工作负担过重、对数字技术持消极态度、教师自身的数字技术能力不足也是阻碍教师利用ICT参加校内外协作的重要因素[90]。此外，教师之间的协作交流，分享使用ICT的经验能促进其在课堂使用ICT。Eickenman等人指出，通过协作，教师能够提升使用数字技术的能力，这对在课堂上使用新技术非常重要[91]。

综上，从已有研究可看出教师使用ICT开展教学不仅会对学生的数字素养产生影响，而且受学校ICT基础设施、数字教育资源、学校ICT规划、教师ICT协作等方面的影响，其中教师ICT协作不仅对学生数字素养具有正向预测作用，且学校的ICT设施、学校的数字教育资源及师资培训对教师ICT协作具有重要影响。

（三）家庭层面因素对学生数字素养的影响

家庭是学生成长的重要环境。影响学生数字素养的家庭层面因素，可分为家庭社会经济环境因素及家长个体层面因素。

关于家庭社会经济环境因素，有研究者指出家庭经济较差，学生在ICT技能方面缺乏自信，在搜索数字、有效沟通，以及具体ICT技能，如文字处理、电子邮件、演示软件的操作等方面，比家庭经济好的学生表现差[92]。此外，相关研究指出家长受教育水平对其孩子的数字素养具有正向影响，有大学学历的父母，其孩子的数字素养水平更高[93]，受教育程度较低的父母，在使用数字方面的能力较差，对使用互联网的信心较差，甚至并不支持他们的孩子使用数字技术[94]。

关于家长个体层面因素，主要是指家长个体与数字技术相关的因素，如家长数字技术使用、家长对数字技术的态度、家长数字技术自我效能、家长数字技术教养方式等。家长数字技术使用指家长使用具体的数字技术应用软件来开展的相关活动，如发送电子邮件、查找信息等[95][96]。Radey等人的研究结果表明，年轻的家长更有可能使用互联网，且母亲比父亲更经常使用互联网[97]。Vandewater等人表明经常使用互联网的父母能更有效监控其孩子的数字活动，为其孩子居家学习提供数字技术支持[98]。家长对数字技术的态度是指其对数字技术的重要性和实用性的信念。大部分研究对数字技术持积极态度，认为互联网可为其子女查找数字提供更多机会，对儿童的阅读及技术素养方面有所帮助[99][100]。同时，相当多的家长担心过度使用电脑或媒体可能会对儿童的社交与情感发展、家庭作业的完成、睡眠时间带来负面影响[101][102]。此外，有研究发现家长对数字技术的态度对其孩子的媒体使用和数字技术自我效能具有积极影响[103]。Zhu等人进行了实证调查，发现家长对互联网的态度对学生的数字素养有正向影响[104]。Aesaert 等人的研究表明父母的ICT态度和孩子的ICT自我效能感有显著关系[105]。与此同时，部分研究表明，若父母对学生利用计算机开展学习持积极观念，其子女对自己的数字技术应用能力更有信心[106]。关于家长数字技术自我效能方面，目前大部分研究关注了学生数字技术自我效能对其数字技术行为或活动的影响[107][108][109][110][111]。只有Zhu等人的研究采用回归分析法探究了家长自我效能与青少年数字素养的关系，其研究结果表明家长的ICT自我效能与学生的数字素养之间并没有显著关系[80]。因此，家长数字技术自我效能是否对其子女的数字素养存在显著影响亟须进一步探究。家长数字技术教养方式是指家长为支持、规范和监督孩子的数字技术的使用和行为而采取的策略[112]。已有研究表明，家长数字技术教养方式对其孩子的数字技术使用、数字技术自我效能具有显著影响。如Vekiri等人研究表明，父母对数字技术的支持与其子女的数字技术自我效能呈正相关[113]。此外，有研究者表明，父母控制其子女的上网时间，在一定程度上会减少其子女接触网络上的一些负面内容、避免一些不良影响[114][115]，但同时也不利于发展其子女的数字技术应用技能[116]。

综上，已有研究探讨了家长个体层面的部分变量，但不够全面，须作进一步探究。此外，已有研究主要采用的是回归分析、结构方程模型等以变量为中心的方法探究家长对其子女数字素养的影响。

五、当前研究的不足

整体来看，国内外已开展了较多关于大学生、职校生及中学生的数字素养评价标准/指标、测评工具及影响因素的研究。既有研究为本研究奠定了基础，但纵观已有研究，在以下三方面仍有待改进。

第一，在评价指标方面，大学生作为被测对象的文章数量远多于中小学生，部分研究者提出了针对职校生及师范生的学生数字素养评价指标。虽然有研究者提出了针对中小学生的数字素养评价指标体系，但在指标内容方面，目前即使关于数字素养要素的研究表述不尽相同，也可以概括出数字素养应包括四个必不可少的要素，即数字需求与意识（数字意识、数字态度等）、数字知识与技能（数字知识、数字科学知识等）、思维及问题解决能力（计算思维、数字思维能力等）和数字伦理与道德（数字伦理、数字法律等）。值得注意的是，仅有少量研究者对学生数字素养评价时关注了思维及问题解决能力等要素。因此，亟待结合新时代的背景及对人才的培养理念，构建适应于我国的小学生数字素养评价指标体系。

第二，在测评工具方面，国外关于学生数字素养的测评工具较为丰富，包含了试题评价、量表评价、情境任务评价、档案袋评价等。而国内的学生数字素养测评工具较为单一，主要采用基于量表的评价方式对学生的数字素养开展测评。也有部分研究者设计并开发了基于标准化试题的评价方式，针对某一局部地区开展了中小学生数字素养的测评实践，但测评的范围较小，测评工具的通用性与普适性明显不足。因此，需要结合当前时代新的评价指标体系，设计并开发专门针对小学生数字素养的测评工具，且需要开展规模化的测评实践来进一步验证测评工具的科学性、可靠性与普适性。

第三，在影响因素探究方面，已有研究表明学校及教师的部分因素，如ICT基础设施、教师ICT自我效能及ICT协作等，对学生的数字素养具有显著影响。现有研究的研究对象包含了城市和农村的所有中小学校，大部分没有对两者进行划分，更没有根据不同学校的类型（如城市学校与乡镇学校）去探究影响因素的不同，难以针对不同类型学校提出有针对性的学生数字素养提升策略。此外，部分研究虽然探究了家长的数字技术使用、数字技术态度等对学生数字素养的影响，但多数将家长视为一个整体，并未考虑家长的潜在差异性，这失之偏颇。若不对家长的数字技术应用能力方面进行有效区分，则难以全面、细致地了解家长对其子女的数字素养影响的差异，从而难以从家庭视角方面提出有效干预学生数字素养的策略。因此，从这两方面来看，针对学校、教师与家庭层面的因素，还需进一步挖掘其对小学生数字素养的影响。

小学生数字素养的培育与提升需要科学的测评来引领，从而明确其内涵价值、评价指标结构及评估实践等一系列问题。但我国当前缺乏针对小学生数字素养测评的评价指标、测评工具及影响因素的系统研究，这一研究现状明显满足不了2.0时代教育数字化发展目标以及新时代对学生数字素养的新要求。鉴于此，本书以小学生为研究对象，结合理论与实证构建智能时代适应于我国小学生数字素养的评价指标体系，开发小学生数字素养的测评工具，并从学校、教师与家庭层面深入挖掘影响小学生数字素养的关键因素，以期为小学生数字素养的测评与培养提供一定的参考。

【本章小结】

本章主要对学生数字素养研究现状进行了分析与总结。第一，对素养的概念、与数字素养相关的概念及数字素养内涵的发展历程进行了梳理。第二，从评价目标、测评对象及指标内容层面深度剖析了国内外学生数字素养评价指标，总结提炼所关注的一些核心指标内容。此外，分析了当前国内评价指标赋权方法。第三，对当前国内外学生数字素养测评工具进行对比分析，指出不同类型测评工具的评价重点及优缺点，为后续小学生数字素养测评工具的编制提供借鉴与参考。第四，分别从学校层面、教师层面及家庭层面系统分析了影响学生数字素养的因素，指出当前影响因素的主要研究方法与关注的研究变量等。第五，基于上述综述内容，从评价指标、测评工具及影响因素三个层面指出了当前研究存在的不足，并在此基础上明确了本书的方向与内容。

第三章

小学生数字素养评价指标体系构建

评价指标是开展综合评价的核心和依据，构建一套科学、合理的小学生数字素养评价指标体系，是有效开展小学生数字素养测评实践的基础与前提。本章小学生数字素养评价指标体系的构建包含三个阶段：第一，指标体系的初构。结合对当前智能时代学生数字素养内涵的再认识、综合比较国内外学生数字素养评价标准，对核心要素及子要素进行抽取、聚合，形成小学生数字素养评价的一级、二级指标，确立评价指标的框架，编制形成小学生数字素养评价指标的初稿。第二，指标内容的修订。采用德尔菲法，编制了专家意见征询表，进而征求教育数字化领域相关专家（高校专家、教育数字化管理部门领导、中小学校长及一线教师）修订并进一步完善小学生数字素养评价指标体系。第三，指标权重的测算。在确定指标内容的基础上，采用基于主客观相结合的方法确定评价指标的权重，并进行指标的认同度调查。本章的指标体系构建流程如图3-1所示。

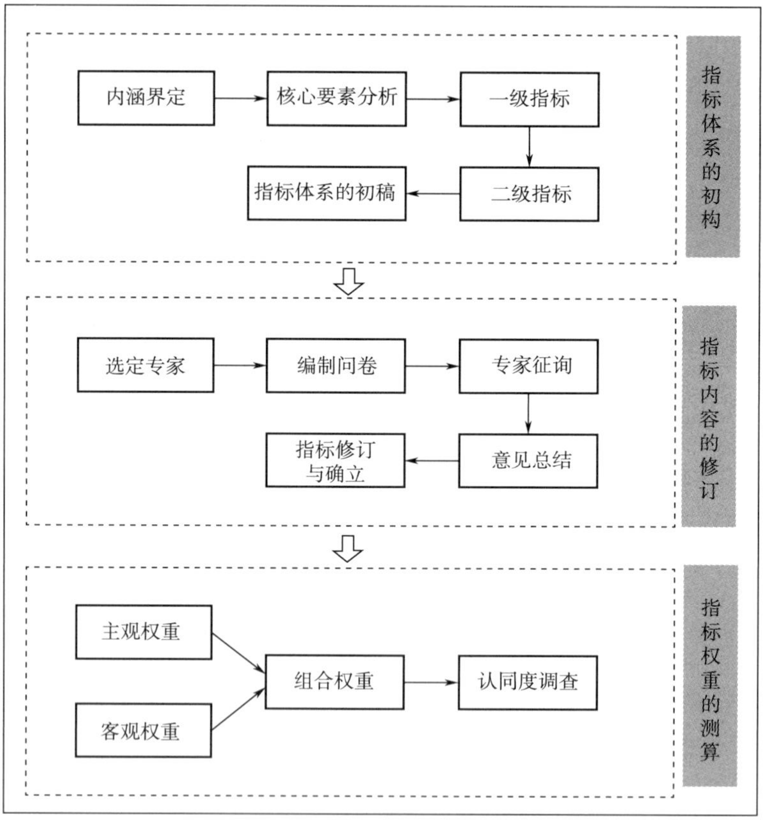

图3-1 指标体系构建流程

一、指标体系的初构

（一）小学生数字素养内涵的界定

当前，大数据、虚拟现实、人工智能等新兴技术在社会各领域广泛、深入应用，推动人类社会从数字时代逐步进入智能时代。在这个时代，互联网、智能化设备是主要的生产工具，人们通过联结式的、人机协同的智能化方式获取知识，学习无时无刻发生，而培养具备较强的创新思维、能够利用人工智能技术创造性解决问题，拥有较高数字道德伦理水平的人是当前时代对创新人才的基本诉求。

不少研究者对当前时代数字素养的内涵进行新的诠释与定位。吴砥等人提出智能时代学习者的数字素养应向内涵式发展转变，需要更多地关注数字创新、人机交互与协作、数字思维及终身学习等高阶素养[117]。陈凯泉等人指出，随着人工智能技术的飞速发展，对公民素养提出了更高的要求，而对于学习者来说，具备良好的编程能力及计算思维是当前人工智能时代学生数字素养内涵的重要内容，即需要学会对问题的界定、数字的抽象与分解、数据的组织与应用，从而实现问题的解决[118]。方佳诚则提出，智能时代学生的数字素养应该具备四大关键能力，分别是数字意识、计算思维、数字化学习与创新、社会责任[119]。熊璋认为，具备较强的数字意识，自觉遵守数字相关法律，尊重数字相关道德伦理，主动利用数字技术分析、解决实际问题，是人工智能时代学生数字素养的核心要素[120]。于晓雅提出，未来公民的数字素养应以人工智能素养为核心，由数字化向智能化转变升级，不仅要具有人工智能协作互助的意识，还要有利用数字技术促进问题解决的思维与行为以及应对智能双核的伦理道德问题的能力等[121]。汪明从智能时代的要求与特点视角出发，认为智能素养应包含拥有人工智能背景的知识、掌握智能技术的能力以及遵循智能时代的道德规范三个方面[122]。

作为智能时代的学习者，不仅要掌握智能时代数字技术的相关知识与技能、意识，遵守智能时代的伦理道德，还应该主动利用各种技术开展自主学习，解决生活与学习中的问题以及培养智能时代所必需的科学思维方式。数字素养教育的最终目标就在于，让学生会运用数字技术开展自主学习，运用数字化环境下的科学思维在真实世界中发现和提出问题、分析问题、解决问题及评价问题解决的结果[123]。因此，在对上述文献综合分析的基础上，本研究认为在人工智能时代，小学生数字素养可界定为学生个体恰当利用数字技术来获取、整合、管理和评价数字，在此基础上理解、建构和创造新知识，从而获得发现、分析和解决问题的意识、能力、思维及修养。

（二）数字素养的核心要素分析

通过对典型的学生数字素养相关评估框架/标准和研究论文的分析，本章梳理归纳了学生数字素养核心要素中的具体子要素。其中，典型的学生数字素养评估框架/标准是基于上一章梳理的框架/标准、指标，论文来源主要是中国知网的中文核心期刊库，采用篇名为“数字素养”“数字素质”且包含“指标”或“标准”的关键词进行查询，筛选出与学生数字素养评价指标或评价标准相关的论文32篇。对典型的学生数字素养评估框架/标准和研究论文所提出的数字素养核心要素进行统计，剔除一些边缘化的指标要素的描述，归纳了学生数字素养的核心要素及其子要素，具体如表3-1所示。

表3-1　学生数字素养核心要素及其子要素

核心要素	子要素及其描述	参考来源
数字需求与意识	- 对数字的认识、兴趣、动机、需求和理念 - 确定所需数字的性质和范围 - 确定可以描述数字需求的概念和术语，将需求转化为行动 - 对数字的敏感性、对数字准确性的甄别能力及对数字隐私和安全保护的自觉性 - 获取新数字的意愿，数字感知意识、数字应用意识、数字辨别意识、数字安全意识	澳大利亚与新西兰数字素养框架：原则、标准与实践（ANZIIL，2004） 面向学生学习的数字素养标准（AASL & AECT，1998） 面向媒介和数字素养的指标（UNESCO，2010）
数字知识与技能	- 数字基础知识、数字基本技能知识、数字技术工具、软件操作知识 - 对数字技术基本运用技能的了解和掌握程度 - 数字获取、数字管理、数字交流、数字创造、数字共享 - 数字存储与管理、数字整合、数字评价、数字创造 - 选择数字来源、分析数字、评价数字 - “互联网+”背景下各类网络平台的运用能力	香港学生数字素养框架（Hong Kong Education and Manpower Bureau，2005） 美国高等教育数字素养能力标准（ACRL，2015） 新加坡中学生数字素养评价标准（Foo等，2017） 北京地区高校数字素质能力示范性框架（曾晓牧等，2006）

续表

核心要素	子要素及其描述	参考来源
数字化环境下的思维与行为习惯	- 具有在互联网环境下的思维能力 - 适应数字化环境，在数字化环境中利用计算思维解决问题的能力 - 数字抽象和分解，问题的界定，数据的组织与应用 - 运用逻辑思维对数字进行分析、判断和推理，以解决问题 - 通过多种途径与同学、老师等主体进行数字交流与共享 - 能运用数字技术进行自主学习 - 能在数字化环境中主动运用数字技术与同伴、教师等主体进行分工协作，高效达成学习目的	计算机与数字素养评估框架（IEA，2018） 初中生数字技术素养测评模型构建研究（张辉蓉等，2017） 人工智能视域下的数字素养内涵转型及AI教育目标定位（陈凯泉等，2018） 人工智能视域下教师数字素养内涵解析及提升策略研究（于晓雅，2019） 教育数字化2.0时代下师范生数字素养评价指标体系研究（李毅等，2020）
数字道德与法律	- 对待数字社会的积极态度和负责任地利用数字 - 合乎规范地应用数字技术的态度与倾向 - 数字道德、数字安全、数字法律 - 理解数字和数字技术的伦理、法律和社会经济问题 - 自觉遵守数字相关法律、尊重数字相关道德伦理 - 有效地、合乎伦理和法律地实现特定目的	美国高等教育数字素养能力标准（ACRL，2000） 全球媒体和数字素养评估框架（UNESCO，2013） 国际教育技术协会学生标准（ISTE，2016） 中小学生数字素养评价标准研究和应用探索（钱冬明等，2017） 中小学生数字素养评价指标（石映辉等，2018）

（三）指标体系的初稿

在对学生数字素养评价标准的核心要素与子要素分析的基础上，将核心要素与子要素分为两个类别，抽取、聚合形成评价指标的一级与二级指标。例如，对四个核心要素抽取分别形成四个一级指标：数字意识与认知、数字知识与技能、数字思维与行为、数字道德与法律。对子要素的相似描述进行聚合归类（聚合归类是指通过含义重叠的子要素进行删减，合并为同一意义的二级指标），如决定所需数字的性质与范围、对数字的认识都表达了对数字的敏感性方面，因此将这些子要素聚合为“数字敏感性”。类似地，将对数字准确性的甄别能力、将需求转化为行动等聚合为“数字应用意识”。将数字隐私和安全保护的自觉性、数字安全防护意识聚合为“数字保健意识”。将子要素软件操作知识、数字基础技能知识、数字基础理论知识聚合为“数字科学知识”。将数字搜索、数字创造、数字获取、数字评价、数字存储、数字交流等聚合为“数字应用知识”。将子要素具有在互联网环境下的思维能力、数字抽象和分解、问题的界定、数据的组织与应用、分析等聚合为“数字思维”。子要素能够通过多种途径与同学、老师等主体进行数字交流与共享，能够通过多种数字化渠道、利用多种手段与外界交流，能够运用数字技术进行自主学习，以及能够在数字化环境中主动运用数字技术与同伴、教师等主体进行分工协作，高效达成学习目的均是表达学生利用数字技术开展学习的行为习惯，因此将这些子要素聚合为“数字行为”。子要素要体现负责任地利用数字，对待数字社会的积极态度和社会责任，因此将合乎道德规范地使用数字、理解数字和数字技术上的伦理问题、尊重数字相关道德伦理聚合为“数字道德伦理”。将遵守数字使用的相关法律法规，知道数字及数字技术涉及的相关经济、道德、法律和社会问题聚合为“数字法律法规”。将数字安全，有效地、合乎伦理和法律地实现特定目的等聚合为“数字安全”。

在一级与二级指标确定的基础上，根据评估的可操作性，补充完成对二级指标的具体阐释。形成的指标体系初稿，具体如表3-2所示。

表3-2 小学生数字素养评价指标体系初稿

一级指标	二级指标	指标释义
数字意识与认知	数字敏感性	- 初步理解数字的概念，熟悉不同类型数字的呈现和传递方式 - 对数字及其发展有敏锐的感知力 - 能够解决数字问题，明确数字需求，了解获取数字的多种途径 - 对数字具有持久的注意力
	数字应用意识	- 了解数字的作用与价值，具有在数字化环境中开展自主学习、合作学习的兴趣 - 具有利用数字或数字技术解决自身生活与学习问题的意识
	数字保健意识	- 充分认识个人数字及隐私保护的重要性 - 具有分辨健康与有害数字的意识，能避免自己去接触网络上的不良与有害数字
数字知识与技能	数字科学知识	- 了解数字的基础理论知识 - 了解获取数字的方法与原则 - 了解数字技术的作用、发展历程与未来趋势等
	数字应用知识	- 了解数字技术使用的相关知识（如计算机、网络使用等的相关知识） - 了解与学习和生活相关的数字工具和软件使用的方法和知识（如文字处理工具、浏览器、搜索引擎工具、网页制作工具、社交与通信软件等）能有效地检索、选择、重新组织、加工和整合所需数字 - 利用数字化方式（图片、视音频等）呈现学习成果

续表

一级指标	二级指标	指标释义
数字思维与行为	数字思维	- 能抽象概括数列或图表呈现的共同特性 - 能使用分步策略描述问题解决的具体步骤 - 能针对较复杂的生活与学习情境问题设计解决方案
	数字行为	- 具有阅读在线文本与图片、音视频、交互式内容等多媒体数字的行为与习惯 - 具有利用在线交流工具（电子邮件、即时通信、社交网络）进行社交的行为与习惯 - 具有利用数字化设备（手机、平板、电脑）开展课外学习的行为与习惯
数字道德与法律	数字道德伦理	- 认识数字技术的优势和局限性，了解数字安全风险 - 具有一定的数字安全常识，管理、保护个人资料，尊重他人隐私
	数字法律法规	- 了解知识产权概念，认识知识产权保护的重要意义，尊重他人的知识产权 - 能按照操作规范开展数字活动，自觉遵守网络法律法规
	数字安全	- 了解数字安全常识，积极维护数字安全，具有保护自身数字隐私的意识 - 自觉维护社会数字系统的安全性（如能够对隐私数字进行有效保护等） - 能安全、健康地使用各种数字（如能够有效识别隐私数字和不擅自披露他人的隐私数字等）

二、指标内容的修订

为进一步完善所构建的小学生数字素养评价指标体系的初稿，本研究采用德尔菲法，编制了专家调研问卷，从数字素养评价指标的结构合理性、释义准确性以及指标可操作性等方面邀请专家进行评价与征求修改意见。

（一）咨询专家的选定

为充分听取不同领域专家的意见，本研究选取了具有一定研究工作经验，对教育测评、学生数字素养比较熟悉的研究者、高校专家及中小学教师等共计57人。具体包含“义务教育阶段学生数字评价指标及应用”课题组内部研究人员10人，来自北京师范大学、华东师范大学、西南大学及北京邮电大学等高校的教育技术学、教育测评及数字科学领域的专家30人，中小学数字技术教师12人及中小学校长5人。调查通过电子邮件方式向专家发放《小学生数字素养评价指标体系》，并编制半开放调查问卷咨询专家对各评价指标的意见，每个专家组成员被邀请回答以下问题：①每个评价指标与小学生数字素养的相关程度。②对每个指标提供意见或建议。③是否还有其他指标来评价小学生数字素养？专家的基本情况如表3-3所示。

表3-3　专家的基本情况

基本数字	类别	人数	构成比例
工作领域	高等院校	30	52.63%
	科研机构	10	17.54%
	中小学	17	29.82%
工作年限	2～5年	15	26.32%
	5～10年	17	29.82%
	10年以上	25	43.86%
职称	正高	25	43.86%
	副高	17	29.82%
	中级	10	17.54%
	初级	5	8.77%
学历	博士	49	85.96%
	硕士	8	14.04%

（二）意见征询与总结

本研究共开展了两轮意见征求，总共收集到65条针对本指标体系的修改意见，通过对修改意见进行整理，删除重复、可操作性差的意见，最终采纳专家修订意见共计58条，采纳比例为89.23%。在指标内容方面，第一轮专家咨询后，对指标的结构、一级指标的名称进行了调整和修改，形成了比较科学、标准的指标评估框架。在回收第一轮专家意见，并根据相应意见做出修改后，第二轮专家咨询仅对指标释义的内容表述进行了修订。

1. 第一轮专家咨询

第一轮专家咨询的主要目的是对一级指标的划分、指标名称的表述、指标间的交叉重叠、指标从属领域变更等方面提出修订意见。专家的主要意见包含：①认知是一个抽象词，含义比较模糊，建议将数字意识与认知修改为“数字意识与态度”；②数字安全与数字法律法规的指标释义有部分重叠，数字法律法规包含的内容更广泛，建议将数字安全的相关指标内容融合到数字法律与法规里面；③数字科学知识包含了数字技术知识，两个二级指标应该有所区分，建议将数字应用知识修改为数字应用技能；④一级指标数字道德与法律没有从中小学生的角度来体现，可修改该指标名称为“数字社会责任”，旨在明确当前中小学生生活在数字化社会中应承担的责任与义务。

第一轮专家咨询后，确立了包含数字意识与态度、数字知识与技能、数字思维与行为、数字社会责任的评估框架，具体如图3-2所示。数字意识与态度是指个体对数字的敏感度和对数字价值的判断力，是学生发展数字素养的内在驱动力。具有该素养的学生对数字具有较强的感知力，能够根据问题需求，有意识地利用数字技术解决该问题，认识到个人数字及隐私保护的重要性，具有保护个人数字安全的意识。数字知识与技能是指对数字科学知识和数字应用技能的理解和掌握程度，是学生数字素养发展的基础。其中，数字科学知识包含对数字概念及数字表达方式与技术的了解，了解与学习和生活相关的数字工具和软件使用的方法和知识（如文字处理工具、浏览器、搜索引擎工具、网页制作工具、社交与通信软件等）；数字应用技能是指能结合自身需求，掌握利用数字技术检索、选择、加工、整合的能力，能利用数字化方式（图片、视音频等）呈现学习成果。数字思维与行为是学生数字素养的重要发展目标，是帮助学生为应对数字社会而开展学习和解决各种问题的理性逻辑与行为习惯。其中，数字思维是指对利用技术工具主动进行独立探究和创新，从而具备解决问题的思维与意识，具体包含能对数字进行抽象与分解、界定要解决的问题，自觉利用计算机科学的技术与方法分析问题、设计问题解决的步骤；数字行为则指学生能主动适应数字化环境，选用合适的数字化设备、平台和资源，在数字化学习环境下开展自主学习与协作交流的行为与习惯。数字社会责任是指处于数字社会中的个人在数字行为方面的修养以及数字道德规范等方面应尽的责任，是个体在数字社会中生存的核心价值观的集中体现。数字社会责任包含数字道德伦理与数字法律法规两个方面。其中，数字道德伦理指能理解数字技术对人们生活、学习和工作带来的各种影响，能负责任地管理、共享数字和资源，尊重他人隐私；数字法律法规则指尊重他人知识产权，能够遵照网络法律法规使用互联网并开展数字活动，树立正确的数字社会责任观。

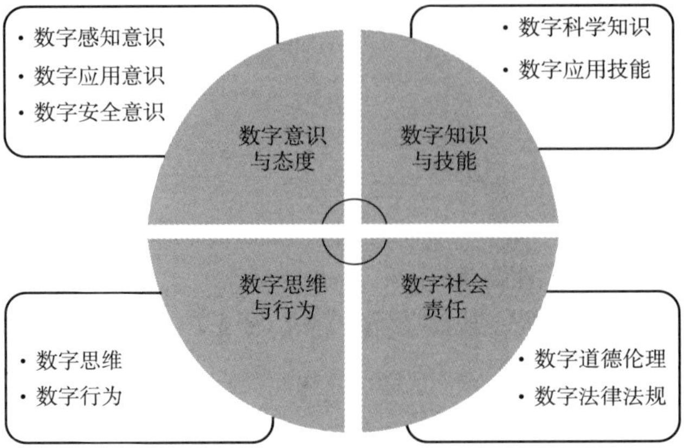

图3-2 小学生数字素养评估框架

2. 第二轮专家咨询

在第二轮的调查中，专家及一线教师对指标体系的基本架构比较认同，主要修订意见可以划分为三类：一是对二级指标的交叉重叠情况提出了修改意见；二是对评价指标内容的增加；三是涉及对指标释义的语言表述及对掌握程度的区分等。部分专家意见及修改情况如表3-4所示。

表3-4 部分专家意见及修改情况

意见及建议	意见所属类别	是否采纳	修改内容（若不采纳则说明理由）
在二级指标数字安全意识中，涉及数字安全方面的知识，而在数字社会责任的二级指标数字法律法规中，也涉及数字安全方面的知识，建议合并	评价指标内容的交叉重叠情况	不采纳	不建议合并，数字意识更多强调是认识到个人及隐私数字的重要性及具有数字安全保护的意识，数字社会责任中更多强调的是知道数字安全及防护的方法、技能等
数字感知意识中，由于小学生认知水平有限，可将“明确数字需求并收集所需数字”修改为“针对简单问题，明确数字需求并收集所需数字”	对指标内容的语言表述及对掌握程度的区分	采纳	修改为“针对简单的问题，明确数字需求并收集所需数字”

续表

意见及建议	意见所属类别	是否采纳	修改内容（若不采纳则说明理由）
数字应用意识中，“在数字化环境中开展自主学习、合作学习的兴趣与动机”中的“兴趣与动机”，在表达上意义相同，可删掉“动机”	评价指标内容的交叉重叠情况	采纳	删掉“动机”一词
中小学生要适应当前的数字校园，能选择合适的数字化设备、资源平台开展学习，这些在数字科学知识中应有所体现	对评价指标内容的增加情况	采纳	在二级指标数字科学知识的观测指标描述中，增加了“体验数字化学习环境，了解学习资源的获取渠道”
“具有分辨健康与有害数字的意识，能避免自己去接触网络上的不良与有害数字”中的“避免”一词程度不够，改为“控制”	对指标内容的语言表述及对掌握程度的区分	采纳	修改为“具有分辨健康与有害数字的意识，能控制自己不去接触网络上的不良与有害数字”
需要对知识技能的了解、理解和掌握程度做出说明，或是使用更精确的动词	对指标内容的语言表述及对掌握程度的区分	采纳	在数字知识与技能指标中添加了限定词，如“一定的”“初步”等，对小学生数字素养水平描述做出界定

（三）评价指标的确立

综合专家意见对评价指标进行了修订，最终确定了包含“数字意识与态度”“数字知识与技能”“数字思维与行为”“数字社会责任”4个一级指标及9个二级指标。构建的小学生数字素养评价指标体系如表3-5所示。

表3-5　小学生数字素养评价指标体系

一级指标	二级指标	指标释义
数字意识与态度	数字感知意识	- 初步理解数字的概念，熟悉不同类型数字的呈现和传递方式 - 能够针对简单的问题，明确数字需求，并收集所需数字 - 了解获取数字的多种途径
	数字应用意识	- 初步了解数字的作用与价值，具有在数字化环境中开展自主学习、合作学习的兴趣 - 具有利用数字或数字技术解决自身生活与学习问题的意识

续表

一级指标	二级指标	指标释义
数字意识与态度	数字安全意识	- 具有一定的数字安全意识，充分认识个人数字及隐私保护的重要性 - 具有分辨健康与有害数字的意识，能控制自己不去接触网络上的不良与有害数字
数字知识与技能	数字科学知识	- 了解常见的数字表达方式与技术；体验数字化学习环境，了解学习资源的获取渠道 - 了解一定的数字技术的发展进程、基本现状及未来趋势
	数字应用技能	- 了解与学习和生活相关的数字工具和软件使用的方法和知识（如文字处理工具、浏览器、搜索引擎工具、网页制作工具、社交与通信软件等） - 能结合自身需求，有效地检索、选择、重新组织、加工和整合所需数字；初步利用数字化方式（图片、视音频等）呈现学习成果
数字思维与行为	数字思维	- 能抽象并概括数列或图表呈现的共同特性 - 能使用分步策略描述问题解决的具体步骤 - 能针对较复杂的生活与学习情境问题设计解决方案
	数字行为	- 具有阅读在线文本与图片、视音频、交互式内容等多媒体数字的行为与习惯 - 具有利用在线交流工具（电子邮件、即时通讯、社交网络）进行社交的行为与习惯 - 具有利用数字化设备（手机、平板、电脑）开展课外学习的行为与习惯
数字社会责任	数字道德伦理	- 认识数字技术的优势和局限性，了解数字安全风险 - 具有一定的数字安全常识，管理、保护个人资料，尊重他人隐私
	数字法律法规	- 了解知识产权概念，认识知识产权保护的重要意义，尊重他人知识产权 - 能按照操作规范开展数字活动，自觉遵守网络法律法规

三、指标权重的测算

学生数字素养的评价涉及多指标的综合评价，在构建评价指标体系后，需要衡量某一指标在综合评价中的相对作用与地位，即确定各个评价指标的权重。只有科学、合理地测算评价指标权重，才能真实、有效地进行学生数字素养的综合评价。

为克服主观赋权法、客观赋权法各自的缺陷，本研究采用层次分析法与熵权法进行组合赋权来确定评价指标的权重。指标的权重确定经历了三个步骤：首先，确定指标的主观权重。先构建数字素养评价指标体系的层次结构模型，邀请数字素养领域内20名专家及10名中小学一线教师采用"1—9标度法"对指标的相对重要性进行评分，并构造判断矩阵计算得到指标的主观权重。其次，面向L市开展758名小学生数字素养调研测评，对测评数据进行标准化处理后计算各评价指标的数字熵，进而计算得到评价指标的客观权重。最后，采用基于综合主、客观权重得到评价指标的组合权重值。主观赋权法、客观赋权法计算流程如图3-3所示。

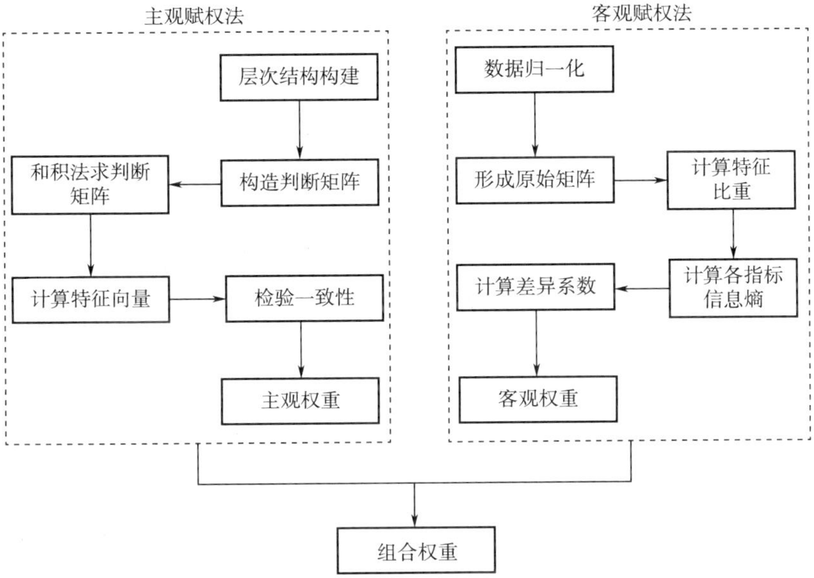

图3-3　主观赋权法、客观赋权法计算流程

（一）基于AHP层次分析法的指标赋权

层次分析法（Analytic Hierarchy Process，AHP）产生于20世纪70年代，由美国运筹学家T L Saaty 所提出[124]。层次分析法是在建立有序递阶的指标体系结构的基础上，通过比较同一层次的各指标的相对重要性，从而来计算评价指标的综合权重。该方法的核心是将决策者的经验进行量化分析，进而提升了决策依据的准确性，被广泛应用于生产安全、环境性能评价、物流方案选择、学生综合素质评价等领域中。

层次分析法的主要步骤如下。

1. 确立指标体系层次结构

依据上述所构建的评价指标，确立了小学生数字素养评价指标的层次结构，小学生数字素养水平作为目标层G，各一级指标分别作为准则层C，二级指标则作为子准则层D。具体如图3-4所示。

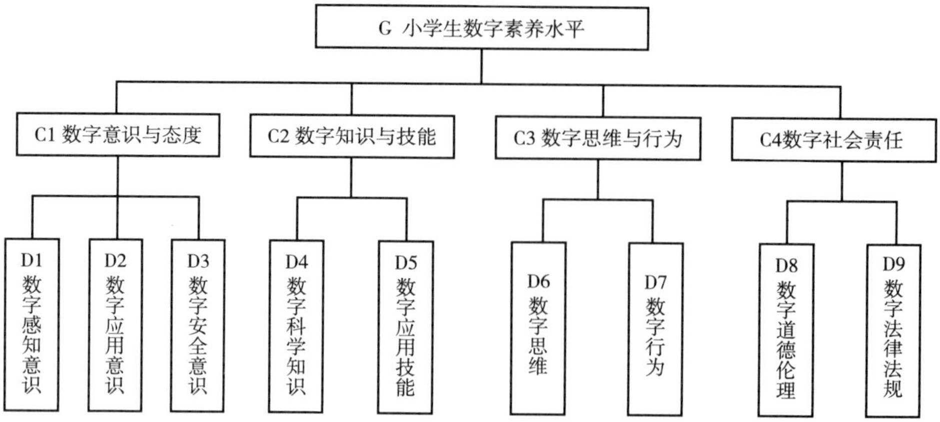

图3-4 小学生数字素养评价指标层次结构

2. 构造判断矩阵

首先，邀请12位专家对同一层次中不同评价指标进行两两重要性比较，比较的结果用矩阵的方式呈现，构成判断矩阵。其次，编制了“小学生数字素养评价指标主观权重调查问卷”（具体见附录1），邀请来自北京大学、清华大学信息化技术中心、首都师范大学、北京邮电大学、华东师范大学、中国电子技术标准化研究院、中央电化教育馆、西南大学、华中师范大学的20余名专家对评价指标的权重进行判断，判断的比较标度如表3-6所示。

表3-6 重要性程度比较标度表

标度值	含义
1	表示两个要素相比，具有同等重要性
3	表示两个要素相比，一个比另外一个稍微重要
5	表示两个要素相比，一个比另外一个明显重要
7	表示两个要素相比，一个比另外一个强烈重要
9	表示两个要素相比，一个比另外一个极端重要
2、4、6、8	表示两个要素相比，重要性是相邻判断的中间值
倒数	若因素 i 和因素 j 的比较判断为 a_{ij}，则因素 j 与因素 i 的重要性之比则为 $1/a_{ij}$

若有n个元素，第k位专家对其进行两两比较，可以得到一个$n\times n$的比较矩阵。

$$A^{(k)}=(a_{ij})^{(k)}=\begin{bmatrix} a^{(k)}{}_{11} & \cdots & a^{(k)}{}_{1j} & \cdots & a^{(k)}{}_{1n} \\ \cdots & \cdots & \cdots & \cdots & \cdots \\ a^{(k)}{}_{i1} & \cdots & a^{(k)}{}_{ij} & \cdots & a^{(k)}{}_{in} \\ \cdots & \cdots & \cdots & \cdots & \cdots \\ a^{(k)}{}_{n1} & \cdots & a^{(k)}{}_{nj} & \cdots & a^{(k)}nn \end{bmatrix}$$

其中，$a_{ij}^{(k)}>0$，（i，j=1，2，3…，n；k=1，2，3⋯，s）。任意指标与自身相比同等重要，则i=j时，$a_{ij}^{(k)}=1$，也就是表明比较矩阵中的对角线上的值为1。

若有s位专家对指标进行判断，构建的比较矩阵则取$a_{ij}^{(k)}$的几何平均值，得到判断矩阵$A=(a_{ij})$，其中，$a_{ij}=\sqrt[s]{\prod a_{ij}^{(k)}}(k=1,2,\cdots,s)$。

按照此方法，对12位专家的主观判断值进行整理，分别计算得到准则层（一级指标）和子准则层（二级指标）的判断矩阵。一级指标C1—C4的判断矩阵如表3-7所示，数字意识与态度C1的二级指标D1—D3所构成的判断矩阵如表3-8所示，数字知识与技能C2的二级指标D4、D5所构成的判断矩阵如表3-9所示，数字思维与行为C3的二级指标D6、D7所构成的判断矩阵如表3-10所示，数字社会责任C4的二级指标D8、D9所构成的判断矩阵如表3-11所示。

表3-7　四个一级指标的判断矩阵

—	C1	C2	C3	C4
C1	1	2.17	1.65	1.68
C2	0.46	1	1.18	1.15
C3	0.61	0.85	1	1.04
C4	0.60	0.87	0.96	1

表3-8　数字意识与态度的二级指标判断矩阵

—	D1	D2	D3
D1	1	1.65	1.21
D2	0.61	1	1.05
D3	0.82	0.95	1

表3-9 数字知识与技能的二级指标判断矩阵

—	D4	D5
D4	1	0.9
D5	1.12	1

表3-10 数字思维与行为的二级指标判断矩阵

—	D6	D7
D6	1	2.31
D7	0.43	1

表3-11 数字社会责任的二级指标判断矩阵

—	D8	D9
D8	1	1.74
D9	0.57	1

3. 和积法求判断矩阵

层次分析法的关键则在于计算出判断矩阵的$A=(a_{ij})$的最大特征根λ_{max}和特征向量W，常用的方法有幂法、方根法和和积法。在本研究中，采用和积法进行计算，计算步骤如下。

①计算判断矩阵A中每一列的和。

②将判断矩阵A中每一项a_{ij}以其所在列的和，得到新的判断矩阵$B=(b_{ij})$。其中b_{ij}的计算公式如下：

$$b_{ij}=a_{ij}\Big/\sum_{r=1}^{n}a_{rj}$$

③计算新构建的矩阵B的每一行的和，并进行归一化，从而得到特征向量W，其中ω_i的计算公式如下：

$$\omega_i=\sum_{r=1}^{n}b_{ir}\Big/\sum_{i=1}^{n}\sum_{r=1}^{n}b_{ir}\quad(\omega_i>0,\sum_{i=1}^{n}\omega_i=1)$$

按照此算法，计算出一级指标C1—C4构造判断矩阵归一化及权重值ω，如表3-12所示。

表3-12　一级指标C1—C4构造判断矩阵归一化及权重值

—	C1	C2	C3	C4	ω
C1	1	2.17	1.65	1.68	0.377
C2	0.46	1	1.18	1.15	0.214
C3	0.61	0.85	1	1.04	0.206
C4	0.60	0.87	0.96	1	0.203

由此得出一级指标判断矩阵的特征向量：

$W=(0.377,0.214,0.206,0.203)^{\mathrm{T}}$

按照同样的方法，即可得出各二级指标判断矩阵的特征向量，结果如下：

$W_1=(0.41,0.25,0.30)^{\mathrm{T}}$

$W_2=(0.47,0.53)^{\mathrm{T}}$

$W_3=(0.70,0.30)^{\mathrm{T}}$

$W_4=(0.64,0.36)^{\mathrm{T}}$

4. 判断矩阵的一致性检验

虽然层次分析法是对人们主观意见的客观表达，但由于客观事物的复杂性及决策者认识的主观性，在对指标进行两两比较时，很难做到判断完全准确。所以，在进行两两比较时，允许一定程度上的不一致性。因此，非常有必要对判断矩阵进行一致性检验。其计算公式如下：

$$CR=\frac{CI}{RI}$$

其中，CI是一致性指标，RI是随机一致性指标。CR的计算步骤如下：

①计算判断矩阵 A 的最大特征根。其计算公式如下：

$$\lambda_{\max}=\sum_{i=1}^{n}{(AW)_i}/{nW_i}$$

其中，A 是判断矩阵，W 是特征向量，$(AW)_i$ 是矩阵 AW 中第 i 个元素。

②计算一致性指标 CI。其计算公式如下：

$$CI=\frac{\lambda_{\max}-n}{n-1}$$

其中n为判断矩阵 A 的阶数。

③选择随机一致性指标值RI。

在层次分析法的一致性检验中，当判断矩阵的阶数n小于3时，随机一致性指标值RI为0，当判断矩阵n大于3时，各阶判断矩阵对应的随机一致性指标值如表3-13所示。

表3-13 平均随机一致性指标值RI

n	1	2	3	4	5	6	7	8	9	10	11	12	13	14	15
RI	0	0	0.52	0.89	1.12	1.26	1.36	1.41	1.46	1.49	1.52	1.54	1.56	1.58	1.59

分别计算得到$\lambda_{\max}$、CI、RI，代入公式，即可得到CR值。若$CR<0.1$，则说明判断矩阵的不一致性在允许的范围内，表示所构建的判断矩阵通过一致性检验，符合逻辑，进而计算得到的权重具有较高的有效性。

以一级评价指标构成的判断矩阵为例进行一致性检验，其计算过程如下：

$$AW=\begin{bmatrix}1 & 2.17 & 1.65 & 1.68\\ 0.46 & 1 & 1.18 & 1.15\\ 0.61 & 0.85 & 1 & 1.04\\ 0.60 & 0.87 & 0.96 & 1\end{bmatrix}\begin{bmatrix}0.377\\ 0.214\\ 0.206\\ 0.203\end{bmatrix}=\begin{bmatrix}1.522\\ 0.863\\ 0.832\\ 0.813\end{bmatrix}$$

其最大特征根为：

$$\lambda_{\max}=\frac{1}{4}\sum_{i=1}^{n=4}\frac{(AW)_i}{W_i}=4.026$$

计算一致性指标为：

$$CI=\frac{\lambda_{\max}-n}{n-1}=\frac{0.026}{3}=0.0087$$

其中n为判断矩阵的阶数。

随机一致性比率为：$CR=\dfrac{CI}{RI}=\dfrac{0.0087}{0.89}=0.009$

经计算，一级指标的随机一致性比率CR=0.009，小于0.1，这说明基于一级指标的判断矩阵通过一致性检验。使用同样的方法检验其他二级指标所构成的判断矩阵，结果均小于0.1，说明二级指标所构建的判断矩阵通过一致性检验，符合逻辑，进而计算得到的权重具有较高的有效性。因此，判断矩阵的特征向量即为由层次分析法得到的主观权重，具体如表3-14所示。

表3-14 小学生数字素养评价指标主观权重值

一级指标	权重	二级指标	权重
数字意识与态度	0.377	数字感知意识	0.414
		数字应用意识	0.283
		数字安全意识	0.303
数字知识与技能	0.214	数字科学知识	0.472
		数字应用技能	0.528
数字思维与行为	0.206	数字思维	0.698
		数字行为	0.302
数字社会责任	0.203	数字道德伦理	0.635
		数字法律法规	0.365

（二）基于熵权法的指标赋权

熵最早由申农引入到数字论中，是对不确定性的一种度量。不确定性越大，熵就越大，包含的数字量越大；不确定性越小，熵就越小，包含的数字量就越小。

在评价指标体系中，每个指标所蕴含的数字量可以用熵来度量，熵值的具体大小则可以作为评价指标的权重大小的依据。在利用数字熵来确定指标大小的过程中，一般考虑的是指标的变异程度的大小，首先计算每个指标的数字熵，再计算熵值对各指标的差异系数，然后再通过计算差异系数来得到指标的客观权重值。若某指标变异程度越大，则数字熵越小，提供的数字量就越多，在综合评价中所起作用和权重也就越大，反之亦然。运用熵权法求指标权重的主要步骤如下。

（1）指标归一化。在利用各指标进行综合计算之前，需要对各指标进行标准化处理，即把指标的绝对值转化为相对值。标准化的公式如下所示，其中x_{ij}表示第 i 个样本，第 j 个指标的数值（i=1，2，3，…，n；j=1，2，3，…，m），x'_{ij}为指标归一化的数值。

$$x'_{ij}=\frac{x_{ij}-\min\{x_{1j},\dots,x_{nj}\}}{\max\{x_{1j},\dots,x_{nj}\}-\min\{x_{1j},\dots,x_{nj}\}}$$

（2）形成原始矩阵。在本研究中，学生数字素养评价指标有四个一级指标，分别是数字意识与态度C1，数字知识与技能C2，数字思维与行为 C3，数字社会责任 C4。C1下有3个二级指标，分别为数字感知意识D1，数字应用意识D2，数字安全意识D3。以确定D1的指标权重为例，D1下共有4道测评题目，有n个学生参与测评，由此可知，D1的原始矩阵为$3 \times n$阶矩阵：

$$P = \begin{bmatrix} p_{11} & p_{12} & p_{13} \\ \cdots & \cdots & \cdots \\ p_{n1} & p_{n2} & p_{n3} \end{bmatrix}$$

（3）计算第j指标下第i个样本的特征比重c_{ij}，即对矩阵进行归一化处理。其计算公式如下：

$$c_{ij} = \frac{p_{ij}}{\sum_{j=1}^{n} p_{ij}} i = 1,2,3,\cdots,n; j = 1,2,3,\cdots,n$$

（4）计算第j个指标的熵值，数字熵表示为e_j。其计算公式如下：

$$\mathrm{e}_j = -\frac{1}{\ln(n)} \sum_{i=1}^{n} c_{ij} \cdot \ln c_{ij}$$

（5）计算第j个指标的差异系数。其计算公式如下：

$$d_j = \frac{1-\mathrm{e}_j}{\sum_{j=1}^{3} 1-\mathrm{e}_j = \frac{1-\mathrm{e}_j}{3-E_\mathrm{e}}} (E_\mathrm{e} = \sum_{j=1}^{5} \mathrm{e}_j, 0 < d_j < 1, \sum_{j=1}^{5} d_j = 1)$$

（6）计算该指标的熵权ω_j。其计算公式如下：

$$\omega_j = \frac{d_j}{\sum_{j=1}^{3} d_j}$$

（7）计算评价对象对于指标D1的综合值。其计算公式如下：

$$S_i = \sum_{j=1}^{3} v_j \cdot c_{ij}$$

用同样的步骤可以求出评价对象对各二级指标的综合值，将D1、D2、D3的综合值重新组成$n \times 3$阶矩阵，即可得到一级指标C1的熵权，同理，按照上述步骤，可分别求出C2、C3、C4的熵权。

在本研究中，利用R语言实现上述算法，并导入小学生的数字素养测评数据，计算得到各一级指标与二级指标的客观权重值，具体如表3－15所示。

表3-15　小学生数字素养评价指标客观权重值

一级指标	权重	二级指标	权重
数字意识与态度	0.254	数字感知意识	0.100
		数字应用意识	0.081
		数字安全意识	0.073
数字知识与技能	0.174	数字科学知识	0.076
		数字应用技能	0.098
数字思维与行为	0.304	数字思维	0.162
		数字行为	0.142
数字社会责任	0.267	数字道德伦理	0.138
		数字法律法规	0.129

（三）组合权重的计算

层次分析法兼顾了专家的经验与知识，客观赋权法考虑数据本身的特征，为了提高多属性权重赋值的科学性，将主观赋权与客观赋权的优点结合进行组合权重的计算。主观权重与客观权重常用的组合方法有加法合成法、乘法合成法、级差最大化组合赋权法及基于客观修正的主客观组合赋权法四种[125]。本研究选用的是乘法合成法，先将指标的主客观权重相乘，再进行归一化。设客观权重为x_1，x_2，x_3，…，x_n，主观权重为y_1，y_2，y_3，…，y_n，组合权重可表示为W_i。采用乘法合成法最后得出的组合权重，其计算公式如下：

$$W_i = \frac{x_i * y_i}{\sum_{i=1}^{n}(x_i * y_i)}$$

本研究计算的小学生数字素养评价指标的综合权重结果如表3－16所示。

表3-16　评价指标综合权重结果

一级指标	权重	二级指标	权重
数字意识与态度	0.295	数字感知意识	0.141
		数字应用意识	0.078
		数字安全意识	0.076
数字知识与技能	0.170	数字科学知识	0.069
		数字应用技能	0.101
数字思维与行为	0.289	数字思维	0.209
		数字行为	0.08
数字社会责任	0.246	数字道德伦理	0.16
		数字法律法规	0.086

从权重结果可以看出，数字意识与态度、数字思维与行为的权重值相对较大，分别为0.295、0.289。而数字知识与技能的权重为最小，为0.170。这也反映了随着数字技术与时代的发展，对中小学生所具备的数字素养提出了新的要求。当前智能时代所需求的人才不能仅仅掌握数字技术知识与技能，更加关注学生对数字的感知及问题的发现、提出和解决的意识与能力，更加重视培养其在数字化社会的思维方式。在二级指标的组合权重中，排名前三的分别为数字思维、数字道德伦理、数字感知意识。这说明在学生数字素养评价体系中，数字思维、数字道德伦理、数字感知意识应是数字素养评价设计考察的重点内容。

综上，用G表示小学生数字素养的综合水平，小学生数字素养评价指标体系数学表达式为：

$$G = 0.295 * C1 + 0.17 * C2 + 0.289 * C3 + 0.246 * C4$$

其中：

$$C1 = 0.141 * D1 + 0.078 * D2 + 0.076 * D3$$

$$C2 = 0.069 * D4 + 0.101 * D5$$

$$C3 = 0.209 * D6 + 0.080 * D7$$

$$C4 = 0.160 * D8 + 0.086 * D9$$

上述表达式中，$C1$—$C4$表示四个一级指标，分别为数字意识与态度、数字知识与技能、数字思维与行为、数字社会责任；$D1$—$D9$表示九个二级指标，分别为数字感知意识、数字应用意识、数字安全意识、数字科学知识、数字应用技能、数字思维、数字行为、数字道德伦理、数字法律法规。

四、指标体系的认同度调查

（一）调查设计与实施

依据构建的小学生数字素养评价指标及权重，再综合教育测量领域、教育学、心理学等相关专家意见，编制了“小学生数字素养评价指标体系认同度调查问卷”（详见附录2），问卷采用李克特五级量表记录专家对评价指标体系的认同程度，同时，在问卷的最后附有开放性问题：“对小学生数字素养的一级、二级测评指标的权重划分，您认为是否合理？若不合理，请说明理由”。本研究邀请了19名专家（包括中小学教师5名、高校教育评价领域的教授4名，长期从事学生能力、素养评价的研究人员 7名，教育行政管理者3名），对本研究所构建的评价指标体系进行评价。他们分别来自中央电化教育馆、北京师范大学、华东师范大学、华中师范大学、西南大学、重庆市九龙坡区火炬小学、武汉市教育局、武汉市常青第一中学等不同单位。

（二）调查的结果分析

在数据回收后，挑选部分专家围绕评价指标体系进行深度访谈。从调查的结果来看，不同类型的专家对小学生数字素养各一级维度（数字意识与态度、数字知识与技能、数字思维与行为、数字社会责任）能有效反映小学生数字素养的认同度“非常认同”与“比较认同”之和分别为83.34%、91.66%、91.66%、91.67%，对所构建评价指标体系的认同度“非常认同”与“比较认同”之和为93.33%。由此可以判断，专家认为本研究构建的评价指标体系能有效测量小学生数字素养水平。

同时，对专家访谈的结果也较好地验证了评价指标体系的科学性。专家对上述评价指标体系的判断包括“整体框架比较符合人的发展，归纳比较好”“评价指标结构设计合理、内涵相对完善”“我觉得权重方面是比较合理的，数字素养测评的不是学到多少知识，而是一种能力，一种思维，思维方式与行为习惯比较重要，应该占据比较大的权重”“学生的数字素养，首先要具备数字意识；其次是知识、技能这些，在能力之上要具备在数字化环境生存的科学思维方式与行为习惯；知识与技能这些都是基础，意识与思维是核心，对应的权重也要体现出来”“我比较看重数字意识和社会责任这两个的权重，对数字原生代来说，数字知识技能不是问题，关键就是意识和责任，需要正面导向”“个人觉得数字意识与态度、数字社会责任都非常重要。现在网络环境非常复杂，不正当追星、网络游戏、网络暴力、网络水军等对青少年有不良的影响，因此要提升小学生的数字素养，尤其是需要加强思想道德方面的教育和培养”“指标及权重划分都比较合理，但在规模化测评实践中应注意对指标进行精简排序，重点关注少数核心指标的测量”。从这些质性描述可知，上述构建的小学生数字素养评价指标体系能比较客观地刻画小学生数字素养的基本情况，符合专家的经验与认知。

【本章小结】

本章重点介绍了小学生数字素养评价指标体系构建的具体流程：首先，通过界定智能时代小学生数字素养的内涵、对比并提炼国内外关于学生数字素养评价标准的核心要素，确立小学生数字素养的评估框架。其次，采用专家咨询的方法对初步构建的数字素养评价指标框架进行进一步修订，构建包含数字意识与态度、数字知识与技能、数字思维与行为及数字社会责任在内的四个一级指标及九个二级指标，并采用主客观相结合的方法，即层次分析法与熵权法组合计算得到评价指标的权重。最后通过专家的认同度调研，进一步验证评价指标体系的科学性。本章构建的评价指标体系是后续章节小学生数字素养测评工具的编制、开展学生数字素养调研及影响因素分析的基础。

第四章

小学生数字素养测评工具的开发与验证

小学生数字素养测评工具的开发是整个评价工作的核心环节，基于现代测量学理论与方法，借鉴国际大规模学生数字素养测评工具的研制流程，设计、开发具有高质量的小学生数字素养测评工具对于整个学生数字素养评价研究具有重要作用。本章首先介绍工具开发与检验的理论基础。其次，介绍了小学生数字素养测评工具的整体设计。再次，对工具的初步设计及工具的预测试环节进行了详细介绍。最后，在形成正式测评工具后，从我国东、中、西部地区选取部分地区开展小学生数字素养测评工具应用实践，并对测评结果进行分析，一方面了解我国小学生数字素养的整体现状与差异特征，另一方面，通过在较大范围内对小学生数字素养开展测评调查，验证测评工具的可靠性、合理性与普适性。

一、工具开发与检验的理论基础

（一）经典的测量理论

在经典的测量理论中，一般用测试的总分表示被试（接受测试的对象）的能力水平，用题目的回答正确率来表示题目的难度系数。若某测验题目较简单，学生的得分普遍较高，则认为参与该测验的学生能力水平较高，而题目的难度系数较低。相反，若某测验题目较难，学生的得分普遍较低，那么则认为参与该测验的学生能力水平较低，而题目的难度系数偏高。因此，学生的能力水平估计往往依赖于题目的参数（难度）而确定，即称为题目依赖；同时，在估计测验的题目难度系数时，若参与测验的学生能力水平较低，则回答题目的正确率则较低，这时计算出来的题目难度系数则很大。反之，若参与测验的学生能力水平较高，虽然采用的是同一批题目，但题目的正确率也较高，此时计算出来的题目难度系数则较低。因此，虽然是同一批题目，由于参与测验的样本并不一致，估计出的题目难度系数也不一致，这种题目的难度估计取决于参与测试的学生能力水平，被称为样本依赖。

（二）项目反应理论

项目反应理论（Item Response Theory，IRT）是为克服传统的经典测量理论在实际应用中的样本依赖和题目依赖的缺陷而提出来的一种全新的测评理论。项目反应理论假设所有被试存在一种潜在的心理特质或能力，这种特质或能力可以通过被试在回答题目时的作答情况来反映，从而被研究者所估算出来。研究者通过采用数学模型来对被试的作答情况进行分析，从而估算出试题的各种参数（难度、区分度、项目拟合度）以及被试在试题上的心理特质或能力水平[126]。相比较经典的测量理论，项目反应理论有如下的特征与优势。

1. 被试能力参数与项目参数的不变性特征

对于被试能力参数来说，使用同一总体的不同题目样本所估计的相同被试的能力参数是不变的，即学生能力的估计不依赖于题目；同样，对于项目参数来说，使用不同被试总体估计同一批题目得到的项目参数是不变的，即题目难度的估计不依赖于学生能力的分布。

2. 被试能力参数与项目难度参数具有可比性

在项目反应理论中，通过数学模型可以将试题参数和学生心理特质或能力水平放在同一尺度上，从而更好地观察试题的参数情况与被试的心理特质或能力水平情况。因此，被试的能力参数与项目的难度参数可以在这个尺度上进行比较和解释。

3. 可以针对每个题目估算测量误差

测量误差是评价测验质量的重要指标，由于随机误差而造成的测验结果一致性问题的指标被称为信度。信度与测量误差之间的关系是反比关系，即信度越高，测量误差越小。在经典的测量理论中，对某一测试，只能计算测试统一的信度指标，无法对单个题目计算信度。在项目反应理论中，信度通常用数字量来表示，数字量则由数字函数计算得出，包含针对单个题目的项目数字函数与针对整个测试的测验数字函数。通过计算不同题目对不同被试的单独数字量值，有助于对每个被试的测验误差进行控制，从而更利于指导测验的编制。因此，本研究基于项目反应理论对小学生数字素养测评工具进行质量分析。

基于项目反应理论构建的统计学模型有十多种，Rasch模型是应用较为广泛的模型之一。该模型是一种潜在特征模型，由丹麦数学家乔治·拉什（Georg Rasch）于1960年所提出[127]。Rasch模型从逻辑分析的视角出发，通过探究被试的心理特质或能力水平与试题之间的关系，如小学生数字素养与数字素养试题之间的关系，然后基于数学模型解释这种关系，根据被试实际在试题上的反应如小学生在数字素养测评中的各题目中的作答去验证数学模型的符合程度[128]。目前应用最多的项目反应Rasch模型形式如下所示：

$$p_i(\theta)=\frac{e^{(\theta-b_i)}}{1+e^{(\theta-b_i)}}$$

在此模型中，仅包含被试的能力参数θ与试题的难度参数b。因此，被试在某一个项目上的正确作答概率由被试的能力值与项目难度共同决定，两者可以放在同一标尺上进行比较分析，当二者的数值相同时，被试的正确作答概率为50%[129]。Rasch模型的应用前提假设条件是能力值较高的被试在每个项目上的正确作答概率较高，每个被试在难度低的项目上的表现要比在难度高的项目上的表现较好。

二、工具开发的整体设计

（一）工具设计的原则

学生数字素养评价是以试题为媒介，通过诱发学生的反应作答，并据此来推断学生的内部心理特征，即其数字素养能力。在借鉴现代测量理论的基础上，本研究认为学生数字素养测评工具的设计应包含以下几方面的原则。

1. 以促进学生发展为原则

数字素养试题的测评目标并不是局限于对数字技术知识掌握的考查，而是体现在学生的终身发展以及促进学生的学习方面，关注和理解学生个体发展的需要，从而实现“以人为本，注重学生发展”而开展评价的目标。

2. 以科学、规范为原则

数字素养试题的编制以第三章构建的评价指标体系为基础，遵循科学、规范的开发准则，编制的每道题目必须包含数字参数，如所考察的知识要素、关联的评价指标、参考答题、情境素材等。

3. 以公平、适切为原则

试题的编制考虑区域差异，尽量保证不因为学生的学习背景不同而引起较大差异的测评结果。同时，要考虑到小学生的认知及心理特征，编制符合其认知水平的数字素养测试题。

4. 以情境素材为基础

数字素养试题的设计主要以学生所熟悉的生活情境出发创设主题背景，情境测试将评价内容与社会现实热门事件如数字泄露、网络诈骗等联系起来，让学生在熟悉的情境事件中分析问题并解决问题，引发学生对数字道德、伦理方面的思考。

（二）测评对象的选择

在本研究中，小学生数字素养的测评对象选择了小学四、五年级的学生，主要缘由如下：第一，通过比较，小学四、五年级的学生是小学教育的中高年级阶段。随着对小学教育的不断适应，这一阶段的学生在注意力方面的集中程度及思维的稳定及独立思考、探究方面相较于低年级学生有不同程度的发展；在道德与情感方面，小学四、五年级的学生能逐渐意识到自己的情感表现及随之可能产生的结果，开始出现内化的抽象道德观念作为依据的道德判断。第二，我国大部分地区的数字技术教育是从小学三年级开始的，经过一年时间的学习与实践，四、五年级小学生的数字素养已得到初步提升，了解了数字技术应用工具与方法，对数字的来源与价值能做出初步的判断。第三，虽然小学六年级处于小学高年级阶段，生理与心理发展都较为成熟，但考虑到面临小学毕业升学考试的压力，会对测评结果的准确性造成一定的偏差，因此被排除在测评对象的选择范围之外。综上，为保证样本的全面性、代表性，本研究的测评对象选择小学四、五年级的学生。通过测评小学生数字素养，获知小学生的数字素养整体水平及差异特征，从而为小学阶段学生数字素养的培育与提升提供一定的建议与参考。

（三）题目类型及数量

本研究主要开发小学生数字素养测试工具，主要解决用什么测的问题。为了解我国较大范围内的小学生数字素养水平及考虑到大规模数字素养评价实践的可操作性，本研究的小学生数字素养测评工具全部采用客观题来编制。此外，在实际测评中，为满足规模化学业测评的基本要求及便于后续的统计分析，小学生数字素养每个维度的测评题目数量至少保证在3个及以上。

（四）编制的流程

小学生数字素养测评工具的编制流程主要包含三个阶段，具体如图4-1所示。第一阶段为测评工具的初始设计，通过阅读国内关于中小学数字技术课程标准的相关政策文件，同时结合国内外有关小学生数字素养评估的项目及试题、数字素养评价指标，形成小学生数字素养评价试题的初始版本。第二阶段为中小学一线教师与高校专家对测评题目的修订。试题的初始版本形成后，研究者通过邮件邀请中小学教师及高校教育学测量领域的专家对试题进行审读，重点评价题目难易程度、与学生认知水平的符合程度、与评价指标的匹配度等，基于专家的意见修订形成测评工具的2.0版本。第三阶段为测评工具的预测试、修订及形成测评工具的最终版本。预测试的目的是通过选取与正式参加测评的对象一致的学生开展小规模的评价实践，结合两轮预测试的评估数据，基于项目反应理论采用单维Rasch模型分析测评题目的信度、区分度、拟合度、单维性等。

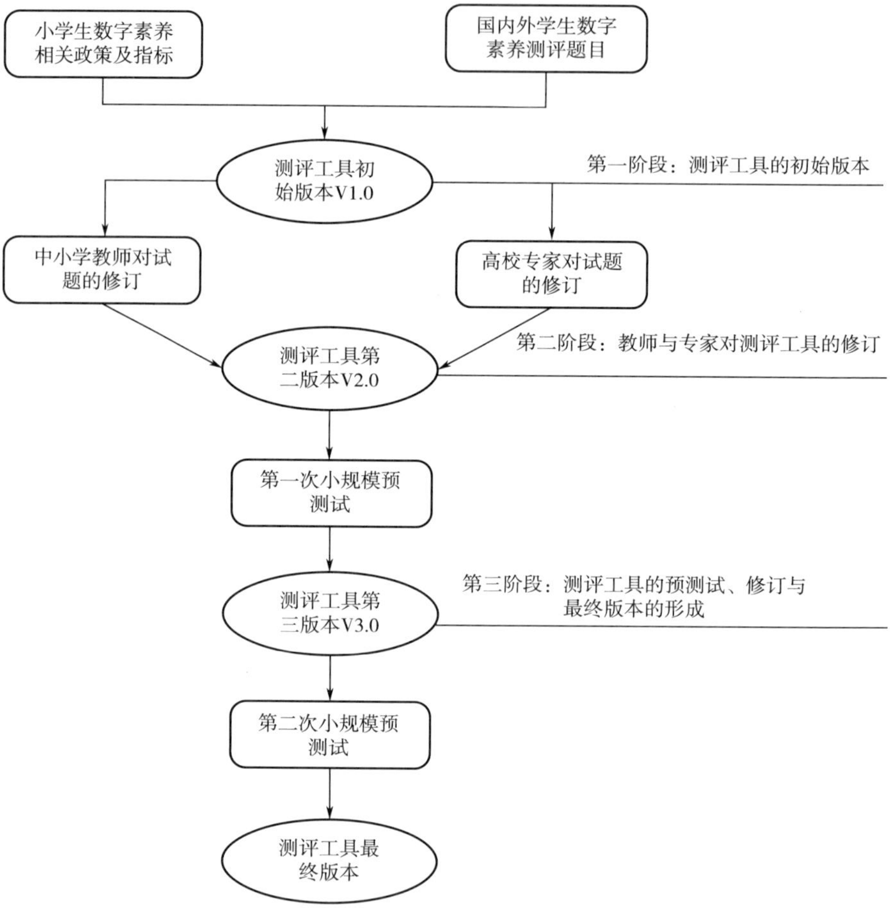

图4-1 小学生数字素养测评工具的编制流程

三、试题初步设计与修订

首先，阅读《中小学信息技术课程指导纲要（试行）》等相关文件，充分了解小学阶段的数字技术教育所要学习的知识与内容及小学生的数字技术教育目标，为后续题目的编制提供借鉴与参考。其次，搜集有关小学生数字素养评价的题目及任务设计，如国外大规模中小学学生数字素养评估项目ISKILLS、TRAILS、NAP中关于小学生数字素养的测评试题。再次，搜集我国不同地区中小学生数字技术课程部分练习测试题及中小学生计算思维竞赛题目。最后，对搜集后的资料进行整理分析，翻译、改编，形成试题的初始版本，共计63题。其中，数字意识与态度15题，数字知识与技能16题，数字思维与行为15题，数字社会责任17题。

在试题的初始版本形成的基础上，为提升试题的内容效度，通过邮件调研了教育数字化领域专家对小学生数字素养测评题目的修订意见。调研对象主要涉及小学数字技术教师9名、高校数字素养评价领域的教师3名、教育数字化博士后2名、数字素养研究方向的博士1人及硕士生5名这五类人群。邀请各位专家针对小学生数字素养测评试题质量进行初期打分与评价，评价内容主要涉及题目与评价指标的匹配度、题目是否符合学生认知水平及题目的难易程度等方面。采用李克特五级量表对题目的质量进行评价（“1”表示很差，“2”表示较差，“3”表示中等，“4”表示较好，“5”表示很好），同时针对题目的难易程度进行评价（可用“难”“中”“易”表示）。此外，针对评价得分较差的题目，则邀请专家对题目意见进行补充说明。

在收集专家的评价意见后，梳理评价指标与题目的匹配程度、题目是否符合学生认知水平的调查结果，统计各题目得分在3分及以上的专家人数占总人数的比例，根据相关研究建议[129]，若某题目得3分及以上的专家人数占总人数的比例低于78%，需要对此题目做出修改。根据统计结果，共计8道题目需要进一步修改，主要包含以下5个类别。

第一类：题项的语义表达不清晰。如考查学生的数字感知意识方面的题目T1：

下面关于天气的数字描述，你认为哪个选项是第一手数字而不是经过重新组织的数字？（　　）

A. 天气走势图　　　　　B. 年降雨量图表

C. 今天外面的温度　　　D. 云分布图片

专家认为此题选项设置不合理，学生可能不能理解走势图、图表和云布图是什么。因此，需要对选项进一步修订，列举学生所熟悉的一些事例。

第二类：题项的区分度较低。如考查学生的数字感知意识方面的题目T3：

你正在学习爬行动物的相关内容，下面哪个问题能给你更多的数字？(　　)

A. 爬行动物与其他动物有什么不同？

B. 什么动物是水生动物？

C. 动物如何依靠植物生存？

D. 什么动物已经灭绝了？

专家认为这个问题的答案只有正确选项包含了爬行动物，正确选项太容易被学生猜对，不需要学生进行思考，建议替换题目或修改题项的表达。

第三类：题项的难度过大。如考查学生的数字应用技能方面的题目T14，涉及对函数计算公式应用：

如下图所示，若要计算中国的奖牌总数，则E3单元格应输入（　　）。

	A	B	C	D	E
1	奥运会奖牌日报榜				
2	代表团	金牌	银牌	铜牌	总数
3	中国	31	18	21	
4	美国	28	21	23	
5	俄罗斯	18	17	16	
6	英国	17	7	9	

A. =Max（B3：D3）

B. =Sum（B3：D3）

C. =Count（B3：D3）

D. =Average（B3：D3）

专家认为表格在小学四年级的数字技术课程中只涉及基础知识的讲解，没有涉及公式的应用，该题目难度较大，建议去掉。

第四类：题项的内容表达不简洁。如考查学生的数字应用技能方面的题目T28：

新学期开始啦，班主任号召每位同学积极参与班级管理，共同主持班级事务。校园艺术节、运动会和科技节将会陆续拉开帷幕，全班同学一起来商量这些活动由谁负责筹备、推荐哪些同学参加、如何“排兵布阵”等。

您认为筹备上述活动，需要按照以下哪个选项的顺序分解问题？（　　）

①搜集个人相关数字　　②确定选拔标准

③已选拔人员分工　　④确定活动负责人

A. ③①④②

B. ④③①②

C. ④③②①

D. ④②①③

专家认为该题目题干语句过长，学生需要花大量时间来看懂题目语句，建议进一步精简该题目的文字描述。

第五类：题项考查的知识点重复。如考查数字法律法规方面的题目T51：

刘某为提高个人在网络上的知名度，编造居民用天然气要大幅涨价的数字并利用网络传播，导致抢购天然气的现象，影响社会稳定，他的这种行为属于（　　）。

A. 违法行为

B. 违纪行为

C. 个人兴趣爱好

D. 网络言论自由

题目T54：

王某利用课余时间开发了一个网站，为了扩大知名度，捏造某地饮用水发生严重污染的消息并在网上传播，引起该地群众的恐慌，这种行为属于（　　）。

A. 个人行为，无所谓

B. 违法行为，应予惩罚

C. 个人兴趣爱好，可以理解

D. 个人网站的需要，不必介意

专家认为这两道题目均考查了数字法律法规方面的知识点，保留其中一题即可。

综上，基于调查结果与修改意见，删掉了难度较大的2道题目，对选项存在混淆、正确答案过于明显的4道题目进行了修订，修改了题干语句过长、表达不够清晰的3道题目。此外，增加了5道题目，进一步丰富题目的初始版本。

四、测评工具的预测试

预测试是指在正式测试前而进行的测试，旨在通过对与实际情况类似的对象进行调研分析，进一步检验并修正测评工具。小学生数字素养测评工具的预测试包含两轮：第一轮预测试是针对测评工具编制后的小规模测试，结合预测试题目的数据，分析题目的难度、区分度、拟合度，并对题目进行修订。第二轮预测试是在第一轮预测试题目修订的基础上，开展较大规模的小学生数字素养测评，基于项目反应理论，利用单维Rasch模型分析题目的难度、拟合度、信度等指标是否处于合理的范围，从而进一步验证测评工具的科学性。

（一）第一轮预测试

第一轮预测试在湖北省武汉市的三所小学开展，共计334人参与本次预测试。测评时间为四十分钟，即学生在一节课时间内完成试题的作答。测评依托研究者所在团队开发的中小学生数字素养测评系统，学生统一在学校计算机教室开展测评。负责小学生数字素养测评的监测人员（主要由笔者所在团队的研究人员，包括5名助理研究员、6名博士研究生及若干名硕士研究生构成）与所在学校的负责人在开展测评前联系，说明测评所需的网络环境。为保障测试数据的有效性，在开展测试前，需要制定培训手册，对各学校负责组织开展测评的人员进行相关培训。每个学校包含两名监测人员。培训一般在开展测评的前一天进行，主要讲解测评过程中的注意事项，如在测试开始前，监测人员需要向学生讲解本次数字素养测评的目的，鼓励学生积极参加测评，确保学生在题目作答过程中的反应效度；在测评过程中，记录学生针对题目反映的相关问题，如果学生在规定时间内没有完成作答，尽可能给予学生一定的额外时间完成试题的作答并提交测评问卷。最后，测评结束后，测评人员需记录学生完全作答所需时间，便于后期题目数量的调整。第一轮预测试样本数字如表4-1所示。

表4-1　第一轮预测试样本信息

学校名称	人数	四年级	五年级	男生	女生
LYLXX	101	49	52	50	61
MFSXX	123	68	65	58	65

续表

学校名称	人数	四年级	五年级	男生	女生
GUSYXX	110	59	51	49	61
总计	334	176	168	157	177

考虑到题目过多会给学生带来更多的认知负担，在规定的时间内不能按时完成，第一轮预测试的题目数量控制在49题。在采集完学生的第一轮预测试数据后，本研究采用Winsteps 3.72.3软件对测评数据进行分析，分析各评价题目的信度、效度指标。其中，信度主要涉及试题整体与题项的信度、误差、分离度等数字；效度主要包含对整个试题单维性检验、题项的拟合度、学生的能力指标等数字。

1. 试题的整体质量分析

首先，将学生的原始作答采用二级评分的方式进行编码，答对得1分，答错则计为0分。针对数字行为的题目主要为3道量表题，不用做数据分析。将数据按照Winsteps软件所要求的格式整理并导入，运行得到各项指标分析数据。第一轮预测试试题的整体质量参数如表4–2所示。Person代表被试者，Item代表测评的具体项目（即试题），Measure代表对被试能力与题目难度的估计均值，Error（VR函数）是表示返回对应于已知错误号的错误信息。在Rasch模型中，被试的能力水平与题目的难度放在同一标尺上进行比较（单位为logit）。

Infit 和Outfit是模型的拟合指数，其中Infit是内部拟合指数，Outfit是外部拟合指数。MNSQ和ZSTD分别表示均方残差和标准化的均方残差。MNSQ的理论值为1，当0.7<MNSQ<1.3，则说明拟合程度较好；ZSTD的理论值为0，当–2<ZSTD<2，则说明模型具有较好的拟合度。在第一轮预测试中，被试的内部拟合指数Infit的MNSQ值为0.92，ZSTD值为0.00，外部拟合指数Outfit的MNSQ值为1.11，ZSTD值为0.21；试题的内部拟合指数Infit的MNSQ值为0.99，ZSTD值为–0.1；外部拟合指数Outfit的MNSQ值为1.13，ZSTD 值为–0.1。这说明所有题项均在被允许的范围之内，依据测评数据所构建的模型与Rasch模型拟合度较好。

Separation是指分离度，常用于测量参与测试的学生和题项在各变量上的区分程度。一般来讲，当Separation的取值大于2，则表明区分的效果较好。从表中可知，被试的分离度为2.12，大于2，说明被试的能力分布较宽，样本具有一定的代表性。试题的分离度高达6.18，说明试题对不同被试的能力具有较好的区分度，能鉴别不同能力的被试。

Reliability表示信度，反映被试和项目在研究变量上的再现程度。Reliability的取值范围为0~1，当取值大于0.7，则说明测评的信度较好。本研究中的被试的信度为0.82，项目的信度为0.97，表示被试的能力和项目难度的测量值的可靠性较高。

表4-2 第一轮预测试试题的整体质量参数

—	Measure	Error	Infit		Outfit		Separation	Reliability
			MNSQ	ZSTD	MNSQ	ZSTD		
Person	2.27	0.66	0.92	0.00	1.11	0.21	2.12	0.82
Item	0.00	0.18	0.99	−0.1	1.13	−0.1	6.18	0.97

2. 试题的单维性检验

在Rasch模型中，通常用主成分分析得出的标准残差对比来检验测评工具的单维性，即检验测评工具中各个项目所测量的被试的一种潜在心理特质。标准残差对比的主要目的是鉴别是否有其他可能因素影响被试的反应。本研究的检验结果如图4-2所示。图中横坐标表示试题中各题目的难度，纵坐标表示被试在每个题目上的作答反应与其他潜在影响因素之间的相关系数，大小写字母则表示试题中的每个题目，当题目的相关系数处于-0.4~0.4之间，则表明测试的题目单维性较好，即表示题目所测试的是一种能力。从图中可知在第一轮预测试所测量的49个题目，除A、B、C、D四个项目，对应测试题目编号为T39、T41、T43、T44超出范围，需要进一步作归因分析外，其余题目均在所规定的范围内。

3. 项目的拟合度检验

第一轮预测试项目拟合指数如表4-3所示。在项目拟合度检验中，常用Infit和Outfit的均方残差值是否在0.5~1.5这个区间来检验各具体题目的质量。若试题中的各测试题目的Infit和Outfit的均方残差值小于0.5，则表明该题目为过渡拟合题目，表明在该题目上所有水平高的学生答对了，所有能力低的学生答错了。若某题目的Infit和Outfit的均方残差值大于1.5，则为非拟合题目，表明出现了能力高的学生答错了该题目，而能力低的学生答对了该题目。在第一轮预测试中，T1、

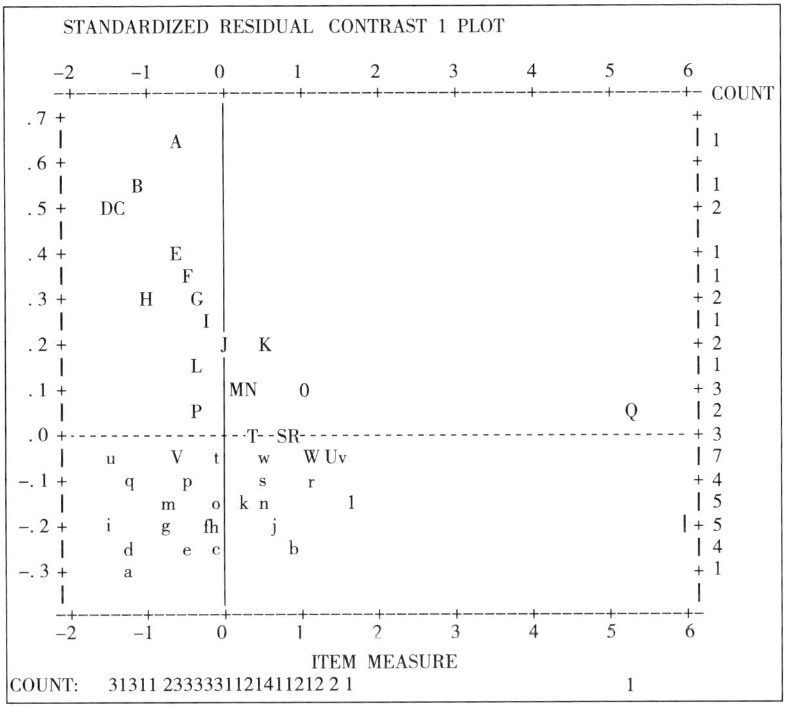

图4-2　第一轮预测试试题单维性分析

T5、T14、T47、T48的Outfit的MNSQ值超过了1.5，说明这些题目的拟合度未达到标准，表明需要进一步对这些题目进行修改。PTME CORR 表示点—测相关性，指学生在各具体试题上的得分与其测试的总分值的相关性，也即是表明题目的区分度。 在第一次的预测试题目中，T48（0.17）和T1（0.28）的点—测相关系数小于0.3，表明这些题目的区分效果有待进一步提升，需要进行修订。

表4-3　第一轮预测试项目拟合指数

Item	Measure	S.E.	Infit	Outfit	PTME CORR	Item	Measure	S.E.	Infit	Outfit	PTME CORR
			MNSQ	MNSQ					MNSQ	MNSQ	
T1	−0.14	0.17	1.32	2.44	0.28	T5	−0.65	0.19	1.01	1.53	0.37
T2	−0.29	0.17	1.20	1.13	0.35	T6	−0.48	0.18	0.92	0.81	0.44
T3	1.11	0.14	1.12	1.21	0.49	T7	−0.17	0.17	1.19	1.17	0.36
T4	−1.56	0.25	0.82	1.13	0.35	T8	−0.11	0.17	0.98	0.85	0.46

续表

Item	Measure	S.E.	Infit	Outfit	PTME	Item	Measure	S.E.	Infit	Outfit	PTME
			MNSQ	MNSQ	CORR				MNSQ	MNSQ	CORR
T9	−0.54	0.18	0.93	0.61	0.44	T28	−0.03	0.17	0.91	0.71	0.49
T10	−0.72	0.19	0.92	0.75	0.42	T29	−0.35	0.18	0.94	0.65	0.46
T11	−1.23	0.22	0.84	0.41	0.41	T30	0.85	0.15	1.05	1.02	0.50
T12	−1.44	0.24	0.87	0.56	0.37	T31	0.49	0.15	0.83	0.69	0.57
T13	−0.76	0.19	1.03	0.97	0.36	T32	1.41	0.14	0.97	0.78	0.59
T14	−1.28	0.23	0.97	2.27	0.33	T33	1.60	0.14	0.86	0.74	0.64
T15	−1.23	0.22	0.98	0.59	0.35	T34	0.26	0.16	1.00	1.32	0.47
T16	0.93	0.14	1.29	1.27	0.42	T35	0.10	0.16	0.91	0.63	0.52
T17	0.21	0.16	0.92	0.62	0.52	T39	−1.34	0.23	0.80	0.41	0.41
T18	0.56	0.15	1.14	1.06	0.45	T40	−0.96	0.21	0.89	0.63	0.41
T19	0.54	0.15	0.91	0.76	0.55	T41	−0.61	0.19	0.78	0.77	0.47
T20	0.42	0.15	1.12	0.83	0.47	T42	−0.54	0.18	0.92	0.81	0.43
T21	0.61	0.15	1.15	0.97	0.46	T43	−1.14	0.22	1.01	1.03	0.33
T22	−0.29	0.17	0.92	0.80	0.46	T44	−1.50	0.24	0.86	0.73	0.37
T23	0.54	0.15	0.95	0.77	0.53	T45	−0.38	0.18	0.96	0.77	0.44
T24	0.99	0.14	0.84	0.70	0.61	T46	−0.61	0.19	0.92	0.73	0.43
T25	1.09	0.14	0.93	0.92	0.57	T47	−0.41	0.18	0.93	1.79	0.39
T26	0.72	0.15	1.08	1.05	0.48	T48	5.25	0.20	1.47	9.72	0.17
T27	1.39	0.14	1.02	1.15	0.55	T49	−0.29	0.17	0.94	0.74	0.46

4. 被试与项目的映射关系

Rasch模型将学生的作答原始得分转换为logit分，从而将被试能力、项目难度放在同一量尺上进行比较。被试与项目的映射关系则直观地呈现了被试的能力水平与项目难度分布之间的关系。第一轮预测中，小学四、五年级学生的数字素养能力水平与各试题之间的对应关系如图4-3所示。图4-3的中间竖线为logit刻度尺，左边代表学生的数字素养能力水平，右边呈现的是各个具体测评题目，从下往上难度依次增大。由图可知，学生的能力水平分布宽度为5.5个logit单位，测试题目的难度水平分布宽度为3.2个logit单位，从两者的分布来看，测试题的难度能与大部分的学生能力水平相吻合。但同样发现，部分题目设置较为简单。T12、T4、T44同属于较为简单的题目，因此在后期的修改中，需要替换题目提升难度；T18、T19、T20题目处于同一维度，但难度值相同，后续需要对其中两道题目进行替换，增加题目的难度。另外，T2、T22、T29、T45、T47、T49的难度值相同，后续需要对此部分题目进行修订，T1、T7、T8的难度值重复，需要进行修订。类似的，T10、T41、T46、T5的难度值较低且重复，因此也需要对此部分题目进行修订。基于评价指标的所属维度及难度分析，对T18、T19、T45、T47、T12重新修订，提升题目的难度。最终修改使题目与学生的能力水平相匹配，而难度大、难度小的题目较少，难度适中的题目较多，整体呈现正态分布。

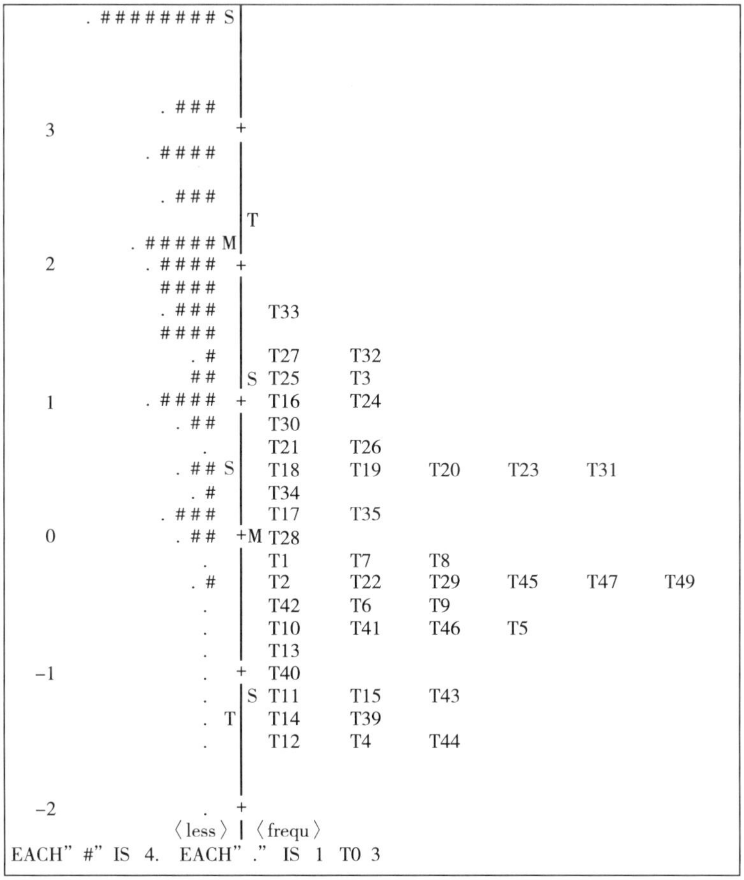

图4-3　第一轮预测试数据的怀特图

5. 试题的修订方向

在第一轮预测试中，测评试题的分离度为6.18，整体信度为0.97，试题的整体信度较好。因此，根据怀特图和项目拟合度指标，一方面，通过修改部分题目的内容或语言描述，从而使题目能更好地测量小学生的数字素养；另一方面，提升部分题目的难度，替换在同一维度上难度值相同的题目，从而让题目分布更加合理。

基于第一轮预测试的结果数据，对题目做出的修订方向如下。

（1）替换拟合度较差的题目

在Rasch模型中，题目的拟合度越好，越能测试出学生的真实水平，因此需要针对拟合度和单维性的分析结果，替换拟合度较差的题目。T39、T41、T43、T44题的拟合值较差，且单维性结果不好，因此需要针对此类题目进行替换。

（2）对难度值重复的题目进行替换

根据项目反应理论，题目的难度分布应较为广泛，每个题目均有所对应的被试，这样才能更好地反映学生的数字素养水平。根据被试与项目的映射关系，可以发现T18、T19、T20处于同一难度值，且属于同一维度，因此对T19和T20进行替换，增加两道难度值更大的题目。

同样，根据怀特图发现T2、T22、T29、T45、T47、T49均处于同一难度，因此，替换T45、T47，增加两道难度较大的题目。T1、T7、T8的难度值相同，因此，替换T7、T8为难度较大的题目。

（3）难度分布应适中

如根据题目拟合度的分析结果，如T1、T5、T14、T47、T48的Outfit MNSQ值大于1.5，表示该题目并非正常作答，大部分被试者在猜测答案，导致低水平的学生答对，而高水平的学生反而答错，没有测试出学生的真实水平。因此，需要针对此类题目进行修改。

（4）凸显题目中的否定词语

题目中的否定词语常会被学生所忽略，从而造成错误的作答反应。因此，需要对此类题目进行修订，如题目“下面对数字特征的理解，错误的是（　）”“下列不属于人工智能应用的是（　）”，需要对该类题目中的否定词语用字体变化、下划线、加粗等方式凸显出来。

（二）第二轮预测试

基于第一轮的预测试数据，对题目进行修订后形成了测评工具3.0版本。第二轮预测试在四川省成都市的四所小学开展，共计744人参与本次预测试。第二轮预测试的样本数据基本情况如表4-4所示，除了研究者参与监测外，每个学校还安排1名数字技术教师辅助开展测评。

表4-4 第二轮预测试样本数据基本情况

学校名称	人数	四年级	五年级	男生	女生
LJLXX	178	87	91	108	70
WSJXX	155	49	106	91	64
JXBLXX	164	78	86	99	65
MZQXX	247	112	135	132	115
总计	744	326	418	430	314

1. 试题的整体质量分析

第二轮预测试试题的整体质量分析结果如表4-5所示。试题的整体信度（Item Reliability=1.00）和被试的样本信度（Person Reliability=0.88）均大于0.7，表示具有较高的可信度。被试的Infit 的MNSQ均值为0.98，Outfit的MNSQ均值为1.21；试题的Infit的MNSQ均值为0.98，Outfit的MNSQ均值为1.24，均处于0.7～1.3区间，表示拟合程度较好；此外，被试与试题的ZSTD均值在−0.4～1.2，处于−2～2的范围，说明第二轮预测试的数据与Rasch模型具有较好的拟合度。

表4-5 第二轮预测试试题的整体质量参数

—	Measure	Error	Infit		Outfit		Separation	Reliability
			MNSQ	ZSTD	MNSQ	ZSTD		
Person	0.86	0.46	0.98	−0.4	1.21	−0.1	2.68	0.88
Item	0.00	0.11	0.98	−0.6	1.24	1.2	14.99	1.00

2. 试题的单维性检验

第二轮预测试试题的单维性检验结果如图4-4所示，从图4-4中可看出，除题目A、B外，大部分的题目均处于-0.4～0.4范围，说明大部分题目都测量的是学生的同一特质，即学生数字素养。

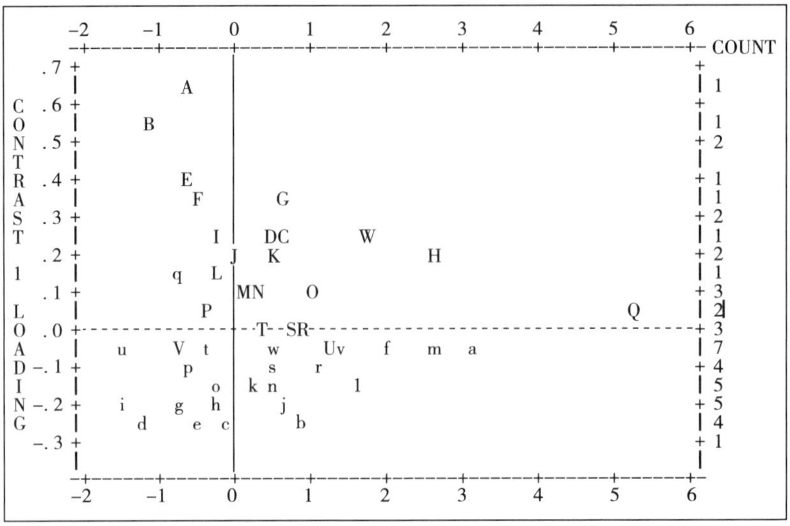

图4-4 第二轮预测试试题单维性分析

3. 项目的拟合度检验

第二轮预测试项目拟合指数如表4-6所示，除了题目T6的Outfit的MNSQ值稍微超过了1.5、T1和T34的Outfit的MNSQ值略大于2之外，其他题目的均方残差值均在范围内。此外，与第一轮预测试的题目相比较，在合理范围内的题目数量明显增多，表明修订后的测评题目效度较高。

表4-6 第二轮预测试项目拟合指数

Item	Measure	S.E.	Infit	Outfit	PTME	Item	Measure	S.E.	Infit	Outfit	PTME
			MNSQ	MNSQ	CORR				MNSQ	MNSQ	CORR
T1	-0.52	0.09	1.32	2.21	0.20	T7	1.07	0.08	0.78	0.70	0.61
T2	-1.50	0.12	1.09	1.25	0.29	T8	-0.68	0.10	1.17	3.07	0.23
T3	0.01	0.09	1.07	1.25	0.29	T9	-1.60	0.12	0.92	1.00	0.38
T4	-2.57	0.16	0.94	1.05	0.28	T10	1.10	0.08	0.82	0.78	0.59
T5	2.37	0.10	1.02	1.19	0.43	T11	-2.28	0.15	0.90	1.20	0.33
T6	-2.11	0.14	0.97	1.54	0.30	T12	-2.37	0.15	0.93	1.37	0.29

续表

Item	Measure	S.E.	Infit	Outfit	PTME	Item	Measure	S.E.	Infit	Outfit	PTME
			MNSQ	MNSQ	CORR				MNSQ	MNSQ	CORR
T13	-1.69	0.12	0.95	1.04	0.36	T30	-0.72	0.10	0.97	0.93	0.43
T14	2.41	0.10	1.03	1.21	0.43	T31	-0.92	0.10	0.94	0.95	0.43
T15	-2.49	0.16	0.99	0.88	0.27	T32	0.39	0.08	1.05	1.06	0.43
T16	0.04	0.09	1.22	1.44	0.31	T33	1.85	0.09	1.12	1.41	0.38
T17	-0.94	0.10	0.88	0.93	0.46	T34	-0.50	0.09	1.16	2.13	0.28
T18	-0.34	0.09	1.29	1.42	0.24	T35	1.21	0.09	0.79	0.71	0.61
T19	0.35	0.09	0.91	1.00	0.51	T39	2.89	0.11	0.98	1.29	0.43
T20	0.71	0.08	0.98	1.33	0.45	T40	2.97	0.11	0.98	1.47	0.43
T21	-0.72	0.10	1.00	0.85	0.42	T41	-1.78	0.13	0.90	1.34	0.37
T22	1.32	0.09	0.87	0.93	0.55	T42	1.01	0.08	0.83	0.78	0.58
T23	-0.82	0.10	0.94	1.06	0.43	T43	-2.21	0.14	1.06	3.07	0.22
T24	0.00	0.09	0.96	1.03	0.46	T44	2.79	0.11	1.03	1.61	0.39
T25	-0.27	0.09	0.87	0.89	0.50	T45	0.58	0.08	0.81	0.78	0.58
T26	1.12	0.08	0.80	0.73	0.60	T46	2.01	0.09	1.09	1.44	0.39
T27	0.01	0.09	0.90	1.11	0.49	T47	2.36	0.10	1.04	1.48	0.42
T28	-1.30	0.11	0.91	0.86	0.42	T48	3.07	0.12	0.94	1.24	0.45
T29	-1.88	0.13	0.95	1.04	0.34	T49	-1.44	0.11	0.92	0.91	0.40

4. 被试与项目的映射关系

第二轮预测试的被试与项目的映射关系如图4-5所示。在第二轮预测试数据的怀特图中，学生的能力水平分布宽度为6个logit 单位，试题的难度水平分布约为5.5个logit单位，从图中可以看出试题的难度与大部分学生的能力水平基本符合。题目的分布较为松散，不同水平的学生均能有对应的题目，因此能较好测量学生的数字素养水平。从学生的能力分布来看，低水平的学生与高水平的学生较少，处于中间水平的学生占据大部分。

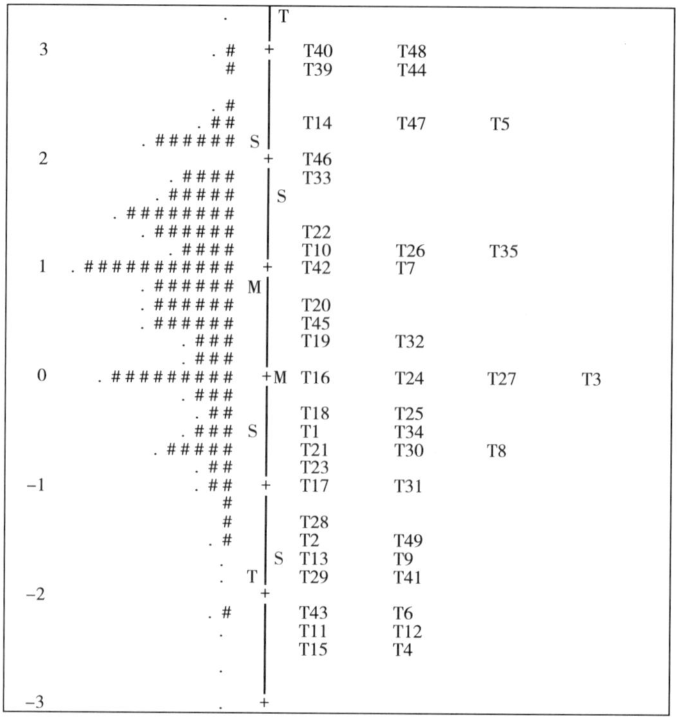

图4-5 第二轮预测试数据的怀特图

五、正式测评工具的形成

本研究中的小学生数字素养测评工具的开发经历了整体设计、初步设计与修订及两轮预测试，最终形成了正式的测评工具。正式测评工具包含49题。其中，数字意识与态度16题（数字感知意识6题，数字应用意识4题，数字安全意识6题）；数字知识与技能11题（数字科学知识6题，数字应用技能5题）；数字思维与行为11题（数字思维5题，数字行为6题）；数字社会责任11题（数字道德伦理6题，数字法律法规5题）。小学生数字素养正式测评工具基本信息如表4-7所示。

表4-7 小学生数字素养正式测评工具基本信息

一级指标	二级指标	试题数量（约占百分比）	题号
数字意识与态度	数字感知意识	6（12%）	T1、T2、T3、T4、T5、T6
	数字应用意识	4（8%）	T7、T8、T9、T10
	数字安全意识	6（12%）	T11、T12、T13、T14、T15、T16

续表

一级指标	二级指标	试题数量（约占百分比）	题号
数字知识与技能	数字科学知识	6（12%）	T17、T18、T19、T20、T21、T22
	数字应用技能	5（10%）	T23、T24、T25、T26、T27
数字思维与行为	数字思维	5（10%）	T28、T29、T30、T31、T32
	数字行为	6（12%）	T33、T34、T35、T36、T37、T38
数字社会责任	数字道德伦理	6（12%）	T39、T40、T41、T42、T43、T44
	数字法律法规	5（10%）	T45、T46、T47、T48、T49

注：由于四舍五入，试题数量的百分比之和不等于100%。

六、小学生数字素养测评工具的应用

（一）测评的组织与实施

为了保证样本的代表性，本研究采用分层抽样与随机抽样相结合的方法，根据我国地理位置和经济发展水平，分别选取了东部地区的SD、FJ、ZJ，中部地区的HN、JX、SX及西部地区的SC、YN、GX共9个省进行调研。调研在2018年12月—2019年3月进行。首先，从每个省随机选取5～6个调研城市；其次，每个城市随机抽取6所小学，均包括城市学校、县级学校与乡镇学校；最后，由各学校分管教育数字化工作的校长或副校长安排所在学校四、五年级的学生自愿参加测试，学生在四十分钟内完成试题的作答。为避免样本的同质性，每所小学各选取四、五年级各一个班级，每个班级保证至少40人参与调研。

为保证测试数据的有效性，在测试前，研究者与各学校小学生数字素养测评的负责人对接，讲解测评过程的注意事项。小学生数字素养测评依托本研究开发的中小学生数字素养测评系统，统一采用在线测评的方式进行。共34543名学生参与本次调研，剔除作答不完整和不认真的问卷后，共回收34044份有效问卷，有效率为98.56%。参与者基本情况如表4-8所示。

表4-8　参与者基本情况

基本数字	类别	人数	百分比
区域	东部	11180	32.8%
	中部	11398	33.5%
	西部	11466	33.7%

续表

基本数字	类别	人数	百分比
性别	男	17753	52.1%
	女	16291	47.9%
年级	四年级	16913	49.7%
	五年级	17131	50.3%
学校类型	城市学校	15197	44.6%
	县级学校	9624	28.3%
	乡镇学校	9223	27.1%

（二）小学生数字素养的整体现状分析

1. 数字素养的总体表现

对小学生数字素养总分进行描述统计，结果如表4–9所示。小学生数字素养的整体均值为65.09（总分为100分），最大值为95.24，最小值为3.02，偏度为–0.65，峰度为–0.47。

表4–9 小学生数字素养总分描述统计

平均值	中位数	标准差	方差	最小值	最大值	偏度	峰度
65.09	69.41	19.99	400.17	3.02	95.24	–0.65	–0.47

计算小学生数字素养在四个一级指标（数字意识与态度、数字知识与技能、数字思维与行为、数字社会责任）的均值，采用平均值与该一级指标满分值的比值作为平均得分率。小学生数字素养四个一级指标的平均得分率统计结果如表4–10所示。从表中可以看出，被测评的小学生在数字意识与态度、数字知识与技能、数字思维与行为、数字社会责任各一级指标的平均得分率依次为73.93%，66.53%，46.44%，75.16%。由分析结果可见，小学生在数字意识与态度、数字社会责任方面表现较好，高于其他指标；其次是数字知识与技能；而在数字思维与行为方面的表现，显著低于在其他几个方面的表现。

表4-10　小学生数字素养四个一级指标的平均得分率

一级指标	数字意识与态度	数字知识与技能	数字思维与行为	数字社会责任
平均值	21.81	11.31	13.42	18.49
平均得分率	73.93%	66.53%	46.44%	75.16%

具体到各个二级指标，平均得分率结果如表4-11所示。在数字意识与态度的二级指标内部，数字安全意识的得分最高，数字应用意识次之，而数字感知意识得分最低。通过进一步分析发现，大部分小学生具备一定的数字安全意识，能避免自己去接触网络上的不良数字。如乘坐公共交通工具时，有人邀请扫描附有二维码的图片，64.5%的小学生认为不认识的人，数字不可靠，不予理睬。14.37%的小学生会选择扫一下，有礼物可以拿。10.62%的小学生选择看看旁人怎么做再做决定，还有10%的小学生会选择问下家长的意见再做决定。在数字知识与技能的二级指标内，数字科学知识比数字应用技能的得分率高，如70.52%的小学生理解数字的基本特征，67.80%的小学生能对计算机的软、硬件有清晰的认知；在数字应用技能层面，63.75%的小学生了解制作短视频的基本流程，仅47.21%的小学生了解利用EXCEL进行数据统计和函数运算的知识。在数字思维与行为的二级指标内，数字行为的平均得分率（20.5%）和数字思维的平均得分率（56.36%）都相对较低。通过进一步分析，仅有53.2%的小学生具有一定的抽象概括能力，能找出以图表或数据所呈现出的规律与特征；36.8%的小学生能在"迷宫游戏"类的问题情境下选出最佳路线设计方案。在数字行为方面，大部分小学生利用计算机解决问题的意识比较薄弱，如放假在家学习，若遇到不懂的知识点，超过三分之一的人会选择直接打电话问老师或者等假期结束后回学校再向老师请教难题，只有近10%的小学生会倾向于自己通过在线学习网站或视频进一步复习、巩固困难的知识点。在利用数字技术开展辅助学习方面，32%的小学生表示会经常在网上查找学习资料，超过四分之一的小学生表示没有使用数字化设备在课外开展数字化阅读或观看学习网站，32%的小学生表示很少使用微信、QQ等社交软件开展社交活动。在数字社会责任的二级指标中，小学生在数字道德伦理与数字法律法规方面的平均得分率相对较高，均超过了70%。通过对作答数据进行分析，大部分小学生已形成正确的数字社会责任观，具有自觉遵守数字社会中公认的行为规范和道德准则的意识，如不盗用他人的密码上网，不在网络

上传输危害国家安全、泄露国家机密的数字，以及不在网络上传播无用的数字与谣言等。

表4-11 小学生数字素养二级指标的平均得分率

二级指标	平均值	平均得分率
数字感知意识	9.60	68.08%
数字应用意识	6.07	77.82%
数字安全意识	6.15	80.92%
数字科学知识	4.80	69.57%
数字应用技能	6.51	64.46%
数字思维	11.78	56.36%
数字行为	1.64	20.5%
数字道德伦理	11.77	73.56%
数字法律法规	6.71	78.02%

2. 数字素养的等级划分

在教育测量中，“百分位等级”表示在被试群体中低于该分数的被试人数的百分比，即被试在群体中所处的相对位置，百分位等级越低，被试个体所处的位置越靠后[130]。在本研究中，采用“百分位等级”来确定具有不同数字素养水平的学生。首先，对学生数字素养总分进行由低到高的排序，以前25%作为第1个四分位数，前50%作为第2个四分位数，前75%作为第3个四分位数，以及前100%作为第4个四分位数，据此分别作为不同小学生数字素养水平的临界分数。划分的结果如表4-12所示。

表4-12 不同百分位数下小学生数字素养水平的临界分数

百分位数	第1四分位数	第2四分位数	第3四分位数	第4四分位数
临界分数	51.74	69.31	80.57	100

从表4-12中的数据可知，不同水平的学生在数字素养总分上可划分为四个水平等级。水平等级1的学生数字素养得分范围为0～51.74分，表明约有25%

的学生数字素养得分在51.74分以下；水平等级2的学生数字素养得分范围为51.74～69.31分，表明有约50%的学生数字素养得分在69.31分以下；水平等级3的学生数字素养得分范围在69.31～80.57分，表明有约75%的学生数字素养得分在80.57分以下；水平等级4的学生数字素养得分范围为80.57～100分。

以划分的临界分数为基准，计算不同水平等级小学生在数字素养各维度上的得分率，具体情况如图4-6所示。从图4-6可知，水平等级1、水平等级2、水平等级3和水平等级4的学生在各维度上均呈现先下降后上升的趋势，但水平等级1的学生在四个维度上表现变化趋势不大，四个维度的得分均较低；水平等级2、水平等级3和水平等级4的学生在四个维度上表现变化趋势相对较高，表明在数字意识与态度、数字知识与技能的表现相当，在数字社会责任方面的表现最好，而在数字思维与行为方面的表现最差。这一调查结果为后面我国小学生数字技术教育教学实践指明了方向，即要重视对学生在数字化环境下利用计算机解决问题的思维与行为习惯方面的培养。

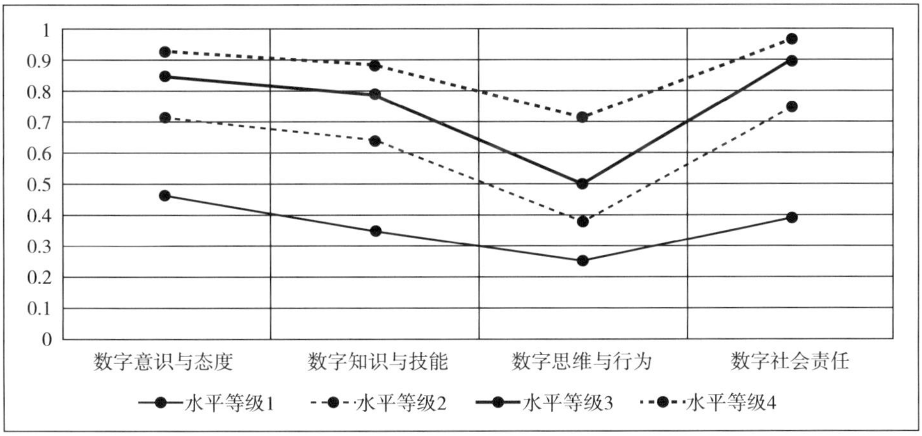

图4-6　不同水平等级小学生在数字素养各维度上的得分率

3. 数字素养与学业成绩的相关性分析

已有研究表明，学生数字素养水平与其学业成绩具有一定的相关性[131][132][133]，具备较高数字素养水平的学生，其学业成绩也较好。本研究选取了中部地区的HN省的部分学校，采用相关性分析、结构方程模型，计算小学生数字素养与学业成绩（语文、数学期末成绩）的相关系数（皮尔逊）及路径系数。小学生数字素养与学业成绩的相关系数如表4-13所示。从表中可知，小学生数字素养总分及各维度得分与其语文成绩、数学成绩的相关系数在0.61～0.86，均大于0.60。表明小学生数字素养与其语文成绩、数学成绩呈显著正相关，并且相关系数达到了较高的水平，即进一步说明，小学生数字素养的提升，对其学业成绩有显著影响。

表4-13 小学生数字素养与学业成绩的相关系数

维度	成绩	
	语文成绩	数学成绩
数字意识与态度	0.84**	0.82**
数字知识与技能	0.82**	0.82**
数字思维与行为	0.62**	0.61**
数字社会责任	0.79**	0.79**
数字素养总分	0.86**	0.85**

注：*代表$p < 0.05$；**代表$p < 0.01$。

小学生数字素养与学业成绩的路径系数研究结果如图4-7和图4-8所示。结果表明，小学生数字素养与其语文成绩（β=0.856，p<0.001）、数学成绩（β=0.845，p<0.001）呈显著正向相关。表明具备较高水平的数字素养的学生，其学业成绩（语文、数学）也表现优异。进一步分析小学生数字素养各维度对语文、数学成绩的影响，结果显示各子维度对学业成绩的预测作用存在差异。数字意识与态度（β=0.429，p<0.001）、数字知识与技能（β=0.271，p<0.01）、数字社会责任（β=0.226，p<0.01）对学生语文成绩呈显著正相关；数字意识与态度（β=0.380，p<0.001）、数字知识与技能（β=0.308，p<0.01）、数字社会责任（β=0.242，p<0.01）对学生数学成绩呈显著正相关；数字思维与行为对其语文、数学成绩无显著影响。这一结果表明，要重视对小学生数字素养的培养，学生数字素养的提升不仅体现在数字技术相关的知识及技能层面，更是一种综合能力或素养的提升，有助于发展在数字技术环境下问题解决和学习的能力，从而有利于促进其他学科如数学、语文等的知识学习[134]。此外，该研究结果也进一步说明开发的测评工具具有良好的效标关联效度。

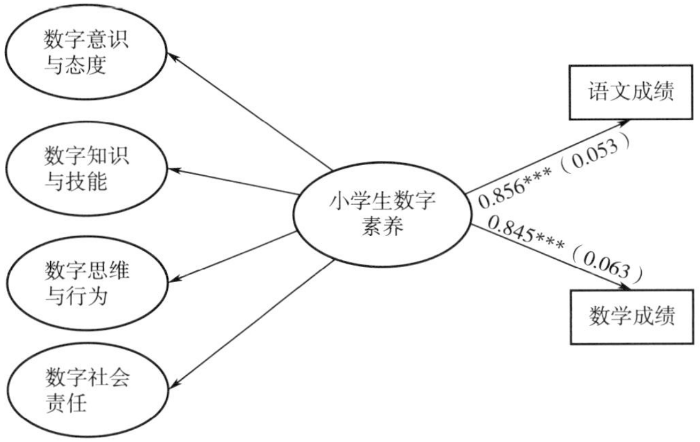

图4-7　小学生数字素养与其语文、数学成绩的关系

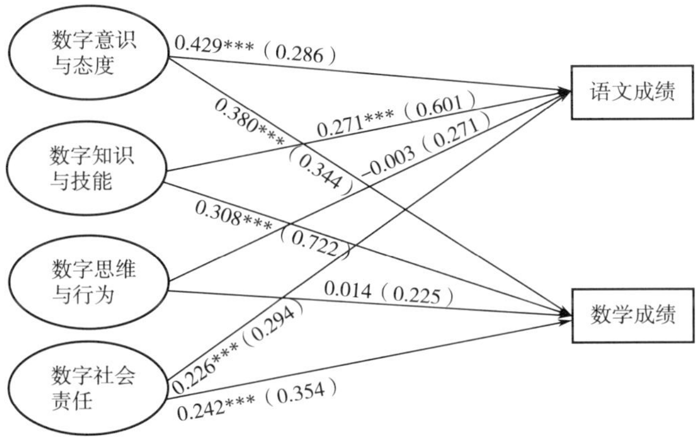

图4-8　小学生数字素养各维度与其语文、数学成绩的关系

（三）小学生数字素养的差异特征分析

国内外已有研究表明，在教育过程中，存在家庭经济、社会环境、学校基础设施、教师教学水平等方面的差异，不同地域与不同类型学校的学生能力或素养水平也存在显著差异；同时，随着接受教育年限的延长，不同年级学生的数字素养水平与能力也不断发生变化。因此，我国小学生数字素养在不同地域、不同类型学校与不同年级方面存在着异质性。以下对小学生数字素养在性别、年级、地域与校际方面的差异性进行逐一检验。

1. 性别差异分析

采用独立样本*T*进行检验分析，不同性别小学生在数字素养总分及各维度上的差异性检验结果具体如表4-14所示。女生在总分及“数字意识与态度”“数字知识与技能”“数字社会责任”方面的均值均显著高于男生，而在“数字思维与行为”方面，男女学生的差异并不显著。

表4-14 不同性别小学生数字素养总分及各维度上的差异性检验结果

总分/维度	性别	人数	均值	标准偏差	*T*
总分	女	16291	65.90	19.37	7.392***
	男	17753	64.35	20.51	
数字意识与态度	女	16291	22.15	6.57	8.343***
	男	17753	21.55	6.94	
数字知识与技能	女	16291	11.55	4.14	9.480***
	男	17753	11.12	4.35	
数字思维与行为	女	16291	13.40	6.97	−0.435
	男	17753	13.43	6.99	
数字社会责任	女	16291	18.80	6.64	7.834***
	男	17753	18.24	7.10	

注：**$p<0.01$，*$p<0.05$。

不同性别小学生在数字素养各水平等级所占比例如图4-9所示。在水平等级1，即在学生数字素养0 ~ 51.74分的得分范围内，小学男生的比例为26.70%高于小学女生的比例23.10%；在水平等级2，即在学生数字素养51.74 ~ 69.31分的得分范围内，小学女生的比例为25.40%，高于小学男生的比例24.60%；在水平等级3，即在学生数字素养69.31 ~ 80.57分的得分范围内，小学女生的比例为26.20%，显著高于小学男生的比例24.00%；在水平等级4，即在学生数字素养80.57 ~ 100分的得分范围内，小学女生的比例为25.30%，高于小学男生的比例24.70%。综上，可以看出在低分段小学男生的人数比例显著高于小学女生，而在中高分段，小学女生的人数比例高于小学男生。

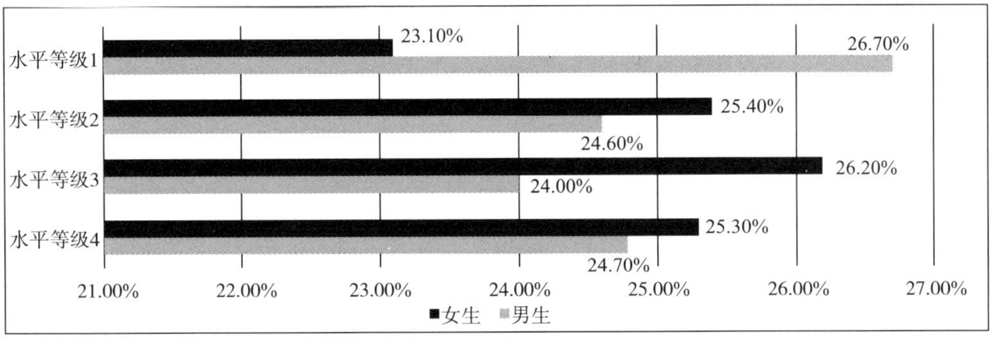

图4-9　不同性别小学生在数字素养各水平等级所占比例

2. 年级差异分析

在年级方面，五年级学生的数字素养总分及“数字意识与态度”“数字知识与技能”“数字思维与行为”“数字社会责任”维度的平均得分均显著高于四年级学生，具体如表4-15所示。这表明数字素养的发展是一个循序渐进的过程，随着年级及知识学习、认知水平的增长，小学生数字素养发展水平也会得到相应提升。这与已有研究的结论相符[135]，同时也说明本研究构建的小学生数字素养评价指标体系及测评工具能有效区分年级差异，具有较好的区分效度。

表4-15　不同年级小学生在数字素养总分及各维度上的差异

总分/维度	年级	人数	均值	标准偏差	T
总分	四年级	16913	63.87	20.29	-11.684^{***}
	五年级	17131	66.30	19.61	
数字意识与态度	四年级	16913	21.52	6.90	-8.910^{***}
	五年级	17131	22.15	6.62	
数字知识与技能	四年级	16913	11.18	4.34	-6.833^{***}
	五年级	17131	11.47	4.16	
数字思维与行为	四年级	16913	12.97	6.90	-12.140^{*}
	五年级	17131	13.86	7.03	
数字社会责任	四年级	16913	18.20	7.07	-8.600^{***}
	五年级	17131	18.80	6.72	

注：$^{***}p<0.001$，$^{*}p<0.05$。

不同年级小学生在数字素养各水平等级的所占比例如图4-10所示。从图可知，在水平等级1，即在学生数字素养0～51.74分的得分范围内，小学四年级学生的比例为27.30%，高于小学五年级学的比例22.70%；在水平等级2，即在学生数字素养51.74～69.31分的得分范围内，小学四、五年级学生的比例相同，均为25.00%；在水平等级3，即在学生数字素养69.31～80.57分的得分范围内，小学四年级学生的比例为24.70%，与小学五年级学生的比例25.30%相差不大；在水平等级4，即在学生数字素养80.57～100分的得分范围内，小学五年级学生的比例为27.00%，远高于小学四年级学生的比例23.00%。综上，可以看出，处于中间分数段如水平等级2和水平等级3，小学四、五年级学生所占比例差异较小，而在低分段（水平等级1）和高分段（水平等级4），小学四、五年级学生所占比例的差异较大。

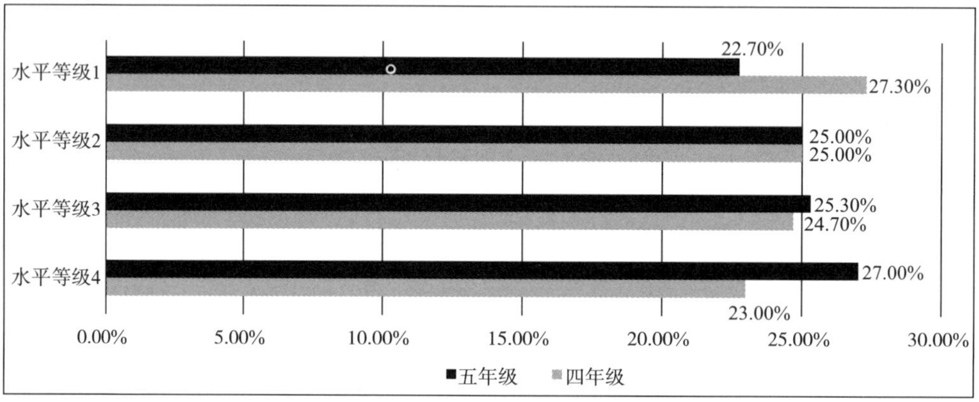

图4-10 不同年级小学生在数字素养各水平等级所占比例

3. 地域差异分析

采用单因素方差分析，在地域方面，东部、中部、西部学生的数字素养及各一级指标的均值差异显著。其中，东部地区的学生数字素养总分及“数字意识与态度”“数字知识与技能”“数字思维与行为”“数字社会责任”维度的平均得分均显著高于中部及西部地区，具体如表4-16所示。这在一定程度上表明，地域差异是影响我国学生数字素养的一个重要因素，东部地区社会数字环境较好，经济发展水平较高，学生数字素养表现也较好。

表4-16　不同地域小学生数字素养总分及各维度均值

总分/维度	区域类别	人数	均值	标准偏差	F
总分	东部	11180	70.08	17.91	664.195*** 东部>中部>西部
	中部	11398	64.81	19.68	
	西部	11466	60.50	21.06	
数字意识与态度	东部	11180	23.13	5.98	413.158*** 东部>中部>西部
	中部	11398	21.86	6.73	
	西部	11466	20.55	7.28	
数字知识与技能	东部	11180	12.34	3.88	668.838*** 东部>中部>西部
	中部	11398	11.38	4.21	
	西部	11466	10.28	4.40	
数字思维与行为	东部	11180	14.78	6.78	338.073*** 东部>中部>西部
	中部	11398	12.99	6.95	
	西部	11466	12.51	6.99	
数字社会责任	东部	11180	19.82	6.11	425.711*** 东部>中部>西部
	中部	11398	18.58	6.87	
	西部	11466	17.15	7.37	

注：***p<0.001。

所调研省域的小学生数字素养总分及一级指标对比如图4-11所示。从省域层面来看，东部地区的FJ省、SD省及ZJ省学生数字素养普遍较高，中部SX省、HN省差异较小，而西部地区的YN省学生数字素养普遍较低。而在其他各一级指标层面，也呈现类似的变化趋势。小学生数字素养的调研结果从侧面也证实了我国基础教育数字化建设所存在的问题。一方面，由于区域经济发展的不均衡，教育投资在区域间存在较大差异，尤其是针对教育数字基础设施和人力资源方面的投入，东、西部地区存在不平衡情况，这使得我国教育在整体上呈现区域发展的不均衡。另一方面，我国各地对学生数字素养教育重视程度与开展时间并不一致。东部地区如ZJ省开设的数字技术教育的课程较早，而西部地区如YN省，由于教育理念的相对滞后，大部分教师及家长较多关注学生的课程学习，对学生数字素养教育的意识相对较弱。因此，小学生数字素养的整体水平也较低。

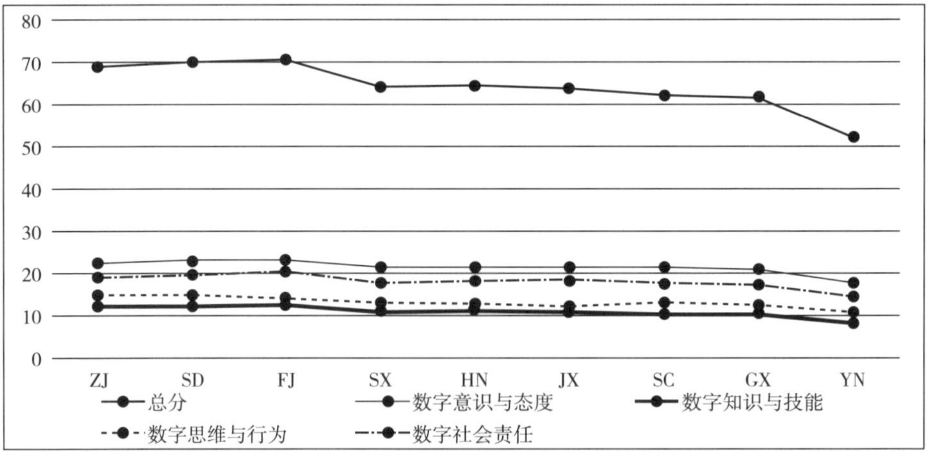

图4-11 各省市小学生数字素养总分及一级指标对比

4. 校际差异分析

根据学校所处的地理位置，将处于市或区的学校划分为城市学校，将处于县级地区的学校划分为县级学校，将处于乡镇地区的学校划分为乡镇学校。不同学校类型小学生数字素养总分及各维度均值如图4-12所示。在总分上，城市学校

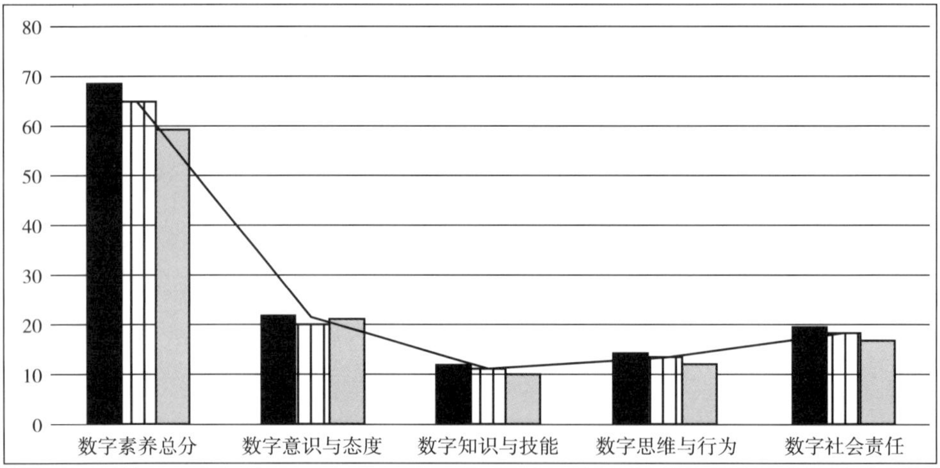

	数字素养总分	数字意识与态度	数字知识与技能	数字思维与行为	数字社会责任
整体学生	65.09	21.84	11.33	13.42	18.51
城市学校	68.72	21.74	12.06	14.21	19.60
县级学校	64.89	20.29	11.32	13.40	18.42
乡镇学校	59.32	21.17	10.12	12.12	16.79

图4-12 不同学校类型小学生数字素养总分及各维度均值

的学生得分要高于整体均值，而县级学校及乡镇学校学生得分低于平均值。在数字知识与技能、数字思维与行为、数字社会责任方面，城市学校、县级学校及乡镇学校得分均值呈递减趋势；在数字思维与行为方面，城市学校、县级学校均显著高于乡镇学校；在数字社会责任方面，城市学校学生均值高于县级学校及乡镇学校。导致这一结果的可能原因在于一方面由于乡镇学校的数字化基础条件较差，不能保障每个学生都有应用数字技术设备的条件；另一方面，乡镇学校数字化教学水平较差，并没有积极利用数字开展教学，不能以此来促进学生数字素养的提升。

七、结论与讨论

（一）小学生已具有一定的数字素养，但各维度发展并不均衡

从整体水平看，小学四、五年级的学生已具有一定的数字素养水平，大部分小学生的数字意识与态度已初步形成，对数字具有较敏锐的关注力与判断力，了解并能遵守网络道德行为规范与法律法规，基本掌握数字科学及技术的相关概念、原理及技能，整体处于中等水平，但各维度发展并不均衡。从各等级所占人数的比例来看，约25%的学生数字素养总分在80分以上，但还有约25%的学生数字素养总分低于51分。从各指标的得分率来看，他们在数字意识与态度、数字社会责任方面的表现较好，数字知识与技能方面次之，而数字思维与行为的表现最差。表明大部分小学生具有较强的数字敏感性和关注力，了解并自觉遵守网络环境下的行为规范和道德准则，基本掌握数字技术的相关概念、理论知识和常用的计算机软件应用技能。但在理解算法、人工智能在日常生活中的典型应用及利用数字技术抽象、分解并设计问题解决方案等方面的能力还亟待加强。此外，小学生每天在课外开展数字化学习与交流的行为较少。究其原因，一方面，由于大部分小学生在课余时间主要完成课程作业和参加其他特长的学习；另一方面，相关研究表明，部分家长的数字技术观念比较落后，由于担心网络的负面影响会直接采取禁止使用手机、电脑上网的措施，这在一定程度上减少了小学生接触并使用数字技术的机会和频率。

（二）小学生的数字素养在性别与年龄方面呈现显著差异

在个体层面，小学四、五年级学生的数字素养在性别与年龄方面都呈现显著

差异。从年级来看，小学五年级学生的数字素养及各维度得分均显著高于四年级学生。在性别差异方面，小学女生比小学男生表现好，在数字素养总分及数字意识与态度、数字知识与技能及数字社会责任方面得分显著高于男生。相关研究在初中生数字素养方面也得到了类似结论，杨浩等人调研了我国东部某省的初一、初二学生数字素养水平，也发现了男女学生在数字素养表现方面具有显著差异，女生在数字素养及各维度方面比男生表现较好[136]。产生这一结果的主要原因可能与男、女学生在心理特征与认知风格的差异有关，已有研究表明男生比女生冒险性意识更强，在学习先进的数字技术方面，如编程和算法项目[137]、软件[138]和数据处理[139]等，拥有更强烈的自我效能与学习欲望[140]，面对问题时会主动寻求不同的解决方案。而女生在学习知识与技能方面比男生更有自律性，在网络沟通交流、网络数字评价方面，女生相比较男生更具有保守性[141]，其警觉性也较高，因此在数字意识与态度、数字道德伦理方面有更好的表现。但也有部分研究表明，在小学阶段，学生使用数字技术的技能没有显著差异，而到了中学后，女生使用数字技术的态度会开始显著低于男生。因此，关于数字素养的两性差异还需要考虑更多的变量来进一步探讨[142]。

（三）小学生数字素养及各维度在地域与校际层面差异显著

在地域层面，所调研的城市中，处于东部地区的学生数字素养及各维度均显著高于中部及西部地区学生的数字素养均值。在校际层面，城市、县级、乡镇学校学生的数字素养及各维度均值具有明显差异。城市学校学生数字素养总分及各维度均值均显著高于县级学校与乡镇学校。在实地调研过程中，笔者发现相比较城区学校，处于乡镇及偏远地区的学校小学生数字技术应用技能普遍低下，某些四年级学生甚至还面临不会通过网络查找资料、不会通过键盘输入自己的姓名等窘境。这一研究结果表明，城乡数字鸿沟在青少年学生身上的表现不仅是ICT硬件设备接入的差异，更是以学生数字意识、数字知识、数字技能与数字道德伦理等为代表的数字素养鸿沟。数字素养的形成是个体与外界环境长期相互作用的产物，城市学校的外部数字环境明显优越于乡镇学校学生所处的数字环境，长期生活在不同数字环境的个体，必然会受到这种数字环境差异在客观上带来的数字素养的不均衡发展[143]。因此，如何进一步缩小城乡差距导致的数字鸿沟，除了要缩小ICT基础设施方面的鸿沟，还应该进一步弥补由数字环境的不均衡所造成的素养层面的鸿沟。

【本章小结】

本章节主要完成两件工作：一是编制测评工具，并基于测评工具开展预测试及对工具进行检验与优化；二是选取调研区域和对象，应用测评工具开展测评实践，并基于测评结果来判断测评工具的科学性与合理性。研究结果表明，随着年级的增长，小学生数字素养也随之提升，五年级学生的数字素养比四年级学生的高。此外，女生的数字素养大部分比男生的高，东部发达地区的学生在数字素养测试中表现较好，城市学校学生的数字素养比县级学校、乡镇学校学生的水平高。这些研究成果与已有的研究及我国的实际情况相符合，说明了编制的测评工具可靠、合理，具有较强的普适性与通用性。除上述研究结论外，本章还对小学生数字素养的整体情况进行了分析，研究发现小学四、五年级学生已具备一定的数字素养水平，但各维度的发展并不均衡，数字意识与态度、数字社会责任方面表现较好，但在数字知识与技能、数字思维与行为方面表现较差。尤其是在数字思维与行为方面，对抽象具体问题的特征、针对复杂问题设计解决方案的能力还有待进一步提升。这些研究成果的发现可为小学生数字素养的培养与教育提供一定的参考与借鉴。

第五章

学校与教师层面因素对小学生数字素养的影响分析

一、问题的提出

学校作为数字素养教育的主要场所，对学生数字素养的培养具有关键影响。不少研究者指出可将教育系统看成一种“生产”系统，包含教育的投入、过程及产出之间的关系模式。20世纪60年代，美国学者斯塔弗尔比姆提出了CIPP教育评价模型，该模型包含四个要素：Context（背景）、Input（投入）、Process（过程）及Product（产出），旨在通过系统分析与教育质量评价的相关因素促进学校教育质量的提升[144]。

CIPP模型的第一个要素是Context，即评价所发生的背景。这包括了学校的文化、社会环境、政策以及学生和教职员工的特征。通过深入了解这些背景因素，评价者可以更好地理解学校所处的整体环境，为后续评估提供必要的上下文支持。

Input是指评估中使用的各种资源、策略和计划。这包括了课程设计、师资配置、教学设备等方面的投入。评价者需要详细了解这些投入，以确保学校在教育过程中得到充分支持，为学生提供高质量的教育服务。

Process是指教育实施的具体过程，包括了教学活动、学生参与、课程实施等。这部分关注评估所涉及的实际操作，通过对过程的深入分析，可以发现潜在问题并提高教育质量。

Product是指评估的最终产出，即教育质量的评价结果和改进建议。评估者需要关注评估报告的内容和建议，确保评估产出具有实际应用的价值，为学校的改进提供科学依据。

CIPP模型提供了全面性视角，帮助学校全面审视其教育质量。通过四个要素的综合评估，学校可以更全面地了解其在教育中的表现。近年来，众多学者将CIPP模型用于评价学校教育的质量[145][146]，学校教育被视为一个由背景、投入及学校教育教学过程交互作用，从而获得学生产出的系统，具体如图5-1所示。背景因素是指学校的一些相关政策规划、学校人数及学校所处的地理环境等；投入因素主要包括学校有效运作所需的物质和人力资源，如基础设施、教育资源、课程与内容等；过程因素主要是学校的具体实施过程，如教学过程、课程协作活动等；产出要素是指学生学习的质量，包括技能、态度及价值观等方面。

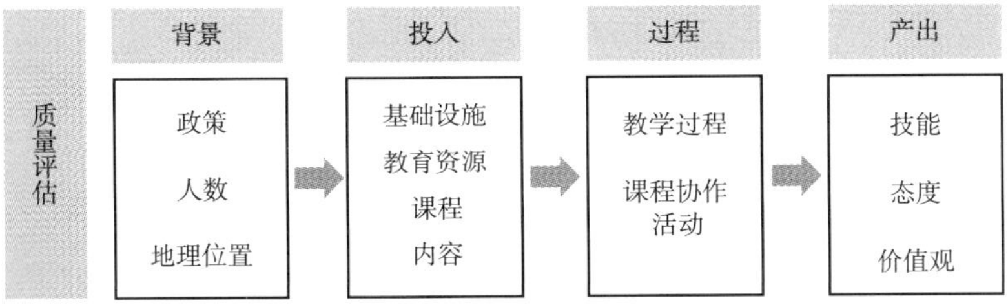

图5-1 CIPP模型应用于学校教育质量评价的概念框架

目前，已有研究表明学校及教师的部分因素如ICT基础设施、教师ICT态度、ICT自我效能、教师ICT协作对学生数字素养具有显著影响。此外，本书第四章的调查结果发现城市学校与乡镇学校的小学生数字素养整体水平及各维度存在显著差异。然而，在已有研究文献中，关于学校与教师层面因素的探究往往都采用的是小样本，且未从投入——过程——产出的视角来分析学校与教师层面因素对学生数字素养的影响关系，此外，对这种影响的城乡差异也并未做进一步探究。究竟学校与教师层面因素对学生数字素养的影响路径如何？城市学校与乡镇学校的影响路径是否存在显著差异？这些问题还需要进一步开展实证研究来解答。

因此，针对已有研究存在的不足，本研究将CIPP评价模型作为学校及教师层面因素分析的理论框架，根据学校所处位置划分为城市学校和乡镇学校，从背景——投入——过程——产出视角探究学校ICT投入因素、ICT使用过程对学生数字素养的影响路径以及这些影响路径的城乡差异。本研究结果一方面可进一步厘清学校与教师层面因素对学生数字素养的影响关系，另一方面也为不同类型学校小学生数字素养的培养与提升提供有效的干预策略，从而为进一步缩小城乡数字鸿沟提供一定的参考与依据。

二、研究设计

（一）研究假设与概念模型

在参考斯塔弗尔比姆的CIPP教育评价模型的基础上，本研究将学校的学生数字素养教育也视为一个由背景（Context）—投入（Input）—过程（Process）—产出（Product）结合在一起的系统工程。学生数字素养教育的背景因素主要涉及学校的地理位置（如城市学校/乡镇学校）。投入因素包含学校的ICT基础设施、数字教育资源、教师ICT培训。过程因素主要是指教师ICT的使用活动，包含两个层面：一方面是教师ICT协作，如教师观察其他教师使用数字技术开展教学、与同事合作开发数字技术课程、与其他教师共同讨论改善课堂教学中技术的使用等；另一方面是教师ICT教学，如教师利用ICT开展促进学生之间的交流、教师使用ICT帮助学生加强技能学习、教师使用ICT支持学生的探究性学习等。产出则是指学生数字素养方面的提升，包含数字意识与态度、数字知识与技能、数字思维与行为及数字社会责任等方面。

从第二章的综述内容可知，教师ICT教学不仅会对小学生的数字素养产生影响，而且也受学校ICT基础设施、数字教育资源、学校ICT培训政策及规划的影响。教师ICT协作对学生的数字素养具有正向预测作用，且学校的ICT基础设施、学校的数字教育资源及师资培训对教师ICT协作具有显著影响。此外，教师之间的ICT协作也对教师的ICT教学具有显著影响。因此，本研究将学校ICT投入的相关变量，如ICT基础设施、数字教育资源、教师ICT培训作为自变量，将教师ICT教学、教师ICT协作作为中介变量，而将小学生数字素养作为结果变量，构建了学校与教师因素对小学生数字素养影响的概念模型，具体如图5-2所示。

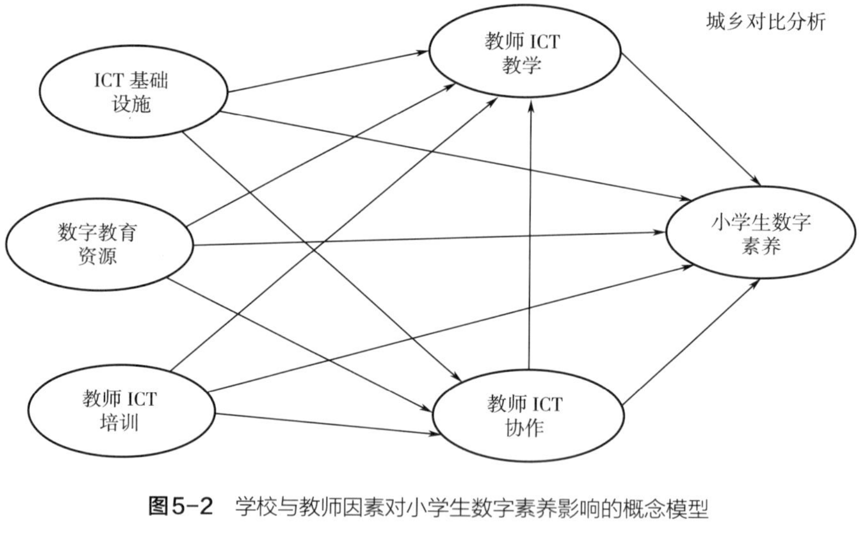

图5-2 学校与教师因素对小学生数字素养影响的概念模型

基于研究综述和所构建的概念模型，本研究提出以下假设：

H1：学校ICT基础设施对小学生数字素养具有显著正向影响；

H2：学校数字教育资源对小学生数字素养具有显著正向影响；
H3：学校教师ICT培训对小学生数字素养具有显著正向影响；
H4：教师ICT教学对小学生数字素养具有显著正向影响；
H5：教师ICT协作对小学生数字素养具有显著正向影响；
H6：学校ICT基础设施对教师ICT协作具有显著正向影响；
H7：学校数字教育资源对教师ICT协作具有显著正向影响；
H8：学校教师ICT培训对教师ICT协作具有显著正向影响；
H9：学校ICT基础设施对教师ICT教学具有显著正向影响；
H10：数字教育资源对教师ICT教学具有显著正向影响；
H11：教师ICT培训对教师ICT教学具有显著正向影响；
H12：教师ICT协作对教师ICT教学具有显著正向影响；
H13：城乡学校ICT基础设施对小学生数字素养的影响具有显著差异；
H14：城乡学校数字教育资源对小学生数字素养的影响具有显著差异；
H15：城乡学校教师ICT培训对小学生数字素养的影响具有显著差异；
H16：城乡学校教师ICT教学对小学生数字素养的影响具有显著差异；
H17：城乡学校教师ICT协作对小学生数字素养的影响具有显著差异；
H18：城乡学校ICT基础设施对教师ICT协作的影响具有显著差异；
H19：城乡学校数字教育资源对教师ICT协作的影响具有显著差异；
H20：城乡学校教师ICT培训对教师ICT协作的影响具有显著差异；
H21：城乡学校ICT基础设施对教师ICT教学的影响具有显著差异；
H22：城乡学校数字教育资源对教师ICT教学的影响具有显著差异；
H23：城乡学校教师ICT培训对教师ICT教学的影响具有显著差异；
H24：城乡学校教师ICT协作对教师ICT教学的影响具有显著差异。

（二）调研对象的选择

本研究选取了我国东部FJ省、中部HN省及西部的NX省为调研省市。抽样流程与第四章相同，调研于2019年11月至2020年12月进行。在各省级教育行政部门和地方教育行政部门的帮助下，学校自主安排学生在所选择样本学校的计算机实验室完成数字素养测试。同时，参与调研的学校安排一名或两名分管学校教育数字化的领导完成学校教育数字化问卷的调研。此外，参与调研的学生班级的所有教师完成教师问卷的填写。学校、学生与教师问卷通过学校编号进行匹配。调研对象的描述性统计分析如表5-1所示。

表5-1 调研对象的描述性统计分析

类型	数量		
	学校数量	学生数量	教师数量
城市学校	183	9296	2453
乡镇学校	121	7844	1133
总计	304	17140	3586

（三）调研问卷设计

关于小学生数字素养的测评问卷，采用上述第四章编制的小学生数字素养的测评工具。关于学校教育数字化的调研问卷，采用9个单项选择题目，主要包含ICT基础设施、数字教育资源、教师ICT培训方面。问卷主要参考Wu等人设计的“关于全国教育数字化调查问卷”[147]，学校调查问卷的变量及相关描述如表5-2所示。为了便于各变量之间具有可比性，所以变量值均进行标准化处理。

表5-2 学校调查问卷的变量及相关描述

维度	题项
ICT基础设施	学校主干网带宽
	学校无线网络覆盖公共区域的比例
	学校多媒体教室占学校教室总数的比例
数字教育资源	校本数字资源（学校组织建设的具有本土化特色的数字资源）占所有数字资源的比例
	学校拥有与学科教材完整配套的数字资源（电子书、教学应用软件、教学视频等）的学科数量
	学校教学资源库的更新频率
教师ICT培训	学校每学年为教职工提供数字技术知识和技能培训的次数
	学校最近一年参加教育数字化专项培训的教师比例
	学校最近一年参加各级教育数字技术比赛、评比的教师比例

教师的ICT使用问卷主要采用Aesaert等人[79]设计的调查问卷，主要包含教师ICT教学，即在课堂上使用数字技术促进学生的学习与交流，以及教师ICT协作，主要是指教师与其他教师探讨数字技术在课堂教学中的使用，与其他教师合作开发数字技术课程，观察其他教师如何使用数字技术进行课程的整合等。教师使用ICT开展的活动描述如表5–3所示。所有题项的作答均采用李克特五级量表进行处理。为便于各变量之间的可比性，均对各题项进行归一化处理。

表5–3　教师使用ICT开展的活动描述

维度	题项
教师ICT教学	在我的课上，学生使用数字技术完成作业
	在我的课上，学生使用数字技术与其他学生进行交流与讨论
	在我的课上，学生使用数字技术进行探究性学习或田野调查
	在我的课上，学生通过搜索引擎（如百度等）搜索主题数字
教师ICT协作	我会与其他教师共同努力，改善数字技术在课堂教学中的使用
	我会与同事合作，系统地开发基于数字技术的课程
	我会观察其他教师在教学中如何使用数字技术

为验证研究工具的科学性和合理性，需要对学校与教师问卷开展信度分析。信度检验主要指评估所收集数据的一致性程度，常用Cronbach’s a值进行信度测试。本研究利用SPSS 27.0软件对学校调研问卷及教师ICT教学、教师ICT协作进行信度分析。经计算，ICT基础设施、数字教育资源、教师ICT培训、教师ICT教学及教师ICT协作的Cronbach’s a值分别为0.51、0.70、0.66、0.93、0.88。相关研究表明，$0.5<a<0.6$，表明信度可以接受，$a>0.7$，表明信度较高。据此，相关结果表明学校调研问卷与教师调研问卷信度处于可接受的范围。

将研究涉及的5个变量（ICT基础设施、数字教育资源、教师ICT培训、教师ICT教学及教师ICT协作）建立四个竞争模型，使用AMOS 25.0对上述5个变量进行验证性因子分析，其结果如表5–4所示。由表5–4可知，单因子模型、二因子模型、三因子模型的指标未达到拟合标准，四因子模型、五因子模型均达到了拟合标准，但五因子模型相较于四因子模型的拟合度更优，因此本研究最后接受五因子模型[148]。同时表明各变量均为单因子结构，其结构效度良好。

表5-4　各变量的验证性因子分析

模型	χ^2	df	χ^2/df	CFI	TLI	RMSEA	GFI
单因子模型	83428.891	104	802.201	0.592	0.529	0.175	0.669
二因子模型	52434.096	103	509.069	0.744	0.701	0.139	0.797
三因子模型	18004.701	101	178.264	0.859	0.832	0.082	0.866
四因子模型	16345.806	98	166.794	0.920	0.903	0.080	0.926
五因子模型	12255.893	88	79.070	0.951	0.940	0.055	0.951

注：单因子模型：所有变量合并为单一因子；二因子模型：ICT基础设施、数字教育资源、教师ICT培训合并为一个因子，教师ICT教学、教师ICT协作合并为一个因子；三因子模型：ICT基础设施、数字教育资源合并为一个因子，教师ICT培训、教师ICT协作合并为一个因子，教师ICT教学作为一个因子；四因子模型：ICT基础设施合并为一个因子，数字教育资源、教师ICT培训合并为一个因子，教师ICT教学和教师ICT协作各自为一个因子；五因子模型：五个变量分别作为一个因子。

三、变量的描述性统计分析

学校与教师因素的整体描述性统计结果如表5-5所示，从表中可知，学校的ICT基础设施得分最高，平均值为0.75；教师ICT协作的得分次之，平均值为0.72，说明小学教师利用数字技术开展协作交流的活动较多；教师ICT培训的平均值为0.54；教师ICT教学的平均值为0.50；学校数字教育资源的得分最低，为0.46。

表5-5　学校与教师因素的整体描述性统计结果

维度	平均值	标准差	最大值	最小值	峰度	偏度
ICT基础设施	0.75	0.11	1.00	0.32	1.03	−0.56
数字教育资源	0.46	0.16	1.00	0.06	0.50	0.53
教师ICT培训	0.54	0.21	1.00	0.08	−0.68	0.27
教师ICT教学	0.50	0.13	1.00	0.00	2.01	0.62
教师ICT协作	0.72	0.09	1.00	0.00	2.07	−0.03

所调研地区的小学生数字素养总体水平如表5-6所示。从表中可知，小学生数字素养整体平均值为66.15，标准差为19.40。数字意识与态度、数字知识与技能、数字思维与行为、数字社会责任的平均值与得分率分别为21.84、74.03%，11.38、66.94%，14.47、50.07%，18.47、75.08%。因此，可以看出所调研地区的小学生在数字意识与态度、数字社会责任方面表现较好，数字知识与技能次之，而数字思维与行为方面表现最差。

表5-6　所调研地区的小学生数字素养总体水平

维度	平均值	得分率	标准差	最大值	最小值	峰度	偏度
小学生数字素养	66.15	66.15%	19.40	100.00	2.21	-0.48	-0.59
数字意识与态度	21.84	74.03%	6.63	29.50	0.00	0.05	-0.86
数字知识与技能	11.38	66.94%	4.15	17.00	0.00	-0.68	-0.57
数字思维与行为	14.47	50.07%	7.17	28.90	0.00	-1.06	-0.01
数字社会责任	18.47	75.08%	6.72	24.60	0.00	0.06	-0.99

以学校类型为自变量，将本研究涉及的所有变量——ICT基础设施、数字教育资源、教师ICT培训、教师ICT教学、教师ICT协作作为因变量进行独立样本T检验，描述性统计分析结果如表5-7所示。从T检验结果来看，城市学校的ICT基础设施、数字教育资源、教师ICT培训、教师ICT教学、教师ICT协作均值均显著高于乡镇学校的均值。

表5-7　城市学校与乡镇学校在各变量的均值、标准差与组间差异

维度	城市学校		乡镇学校		T
	均值	标准差	均值	标准差	
ICT 基础设施	0.76	0.12	0.74	0.11	7.61^{***}
数字教育资源	0.47	0.17	0.44	0.15	9.15^{***}
教师ICT培训	0.55	0.21	0.49	0.19	15.30^{***}
教师ICT教学	0.51	0.14	0.48	0.14	10.97^{***}
教师ICT协作	0.73	0.09	0.72	0.10	7.39^{***}

注：$^{***}p<0.001$。

对所调研地区的城市学校与乡镇学校小学生数字素养及各维度的统计分析结果如表5-8所示。从表中可看出，城市学校小学生的数字素养及数字意识与态度、数字知识与技能、数字思维与行为、数字社会责任都显著高于乡镇学校。

表5-8　小学生数字素养及各维度的统计分析

维度	城市学校		乡镇学校		*T*
	均值	标准差	均值	标准差	
小学生数字素养	68.91	18.46	63.37	19.47	17.86***
数字意识与态度	22.54	6.18	21.17	6.80	12.89***
数字知识与技能	11.92	4.01	10.80	4.16	16.83***
数字思维与行为	15.12	6.98	13.71	7.40	12.00***
数字社会责任	19.32	6.41	17.70	6.86	15.00***

注：***p<0.001。

对本研究的各变量进行相关分析，结果如表5-9所示。从表中结果可以看出，所有变量均在0.01水平上存在显著相关关系。

表5-9　各变量的相关分析

维度	1	2	3	4	5	6
ICT基础设施	1	—	—	—	—	—
数字教育资源	0.366**	1	—	—	—	—
教师ICT培训	0.228**	0.498**	0.344**	1	—	—
教师ICT教学	0.115**	0.195**	0.088**	0.174**	1	—
教师ICT协作	0.049**	0.124**	0.087**	0.143**	0.494**	1
小学生数字素养	0.066**	0.127**	0.118**	0.094**	0.087**	0.116**

注：***p<0.001，**p<0.01，*p<0.05。

四、学校与教师因素的总体模型检验

本研究使用Amos25.0软件对所构建的学校与教师层面影响因素的理论模型进行检验。鉴于卡方值受样本量影响，因此该指标没有参考价值。在本研究中，主要考察比较拟合指标（CFI）、调整后良适性适配指标（AGFI）、Tucker-Lewis 指数（TLI）、规则适配指数（NFI）以及近似误差均方根（RMSEA）的检验结果，并据此评价模型的拟合情况。一般来讲，当CFI、AGFI、TLI、NFI的取值超过0.90，而RMSEA 低于0.08时，则可认为该模型的拟合度良好。

（一）模型的拟合度检验

利用Amos 25.0软件对小学生数字素养影响因素的理论模型进行分析，结果如图5-3所示。其中，ICT基础设施、数字教育资源、教师ICT培训是影响因素模型的自变量，教师ICT教学、教师ICT协作是模型中的中介变量，而小学生数字素养是模型的因变量。对该模型进行拟合度检验，各拟合指标的结果如表5-10所示。

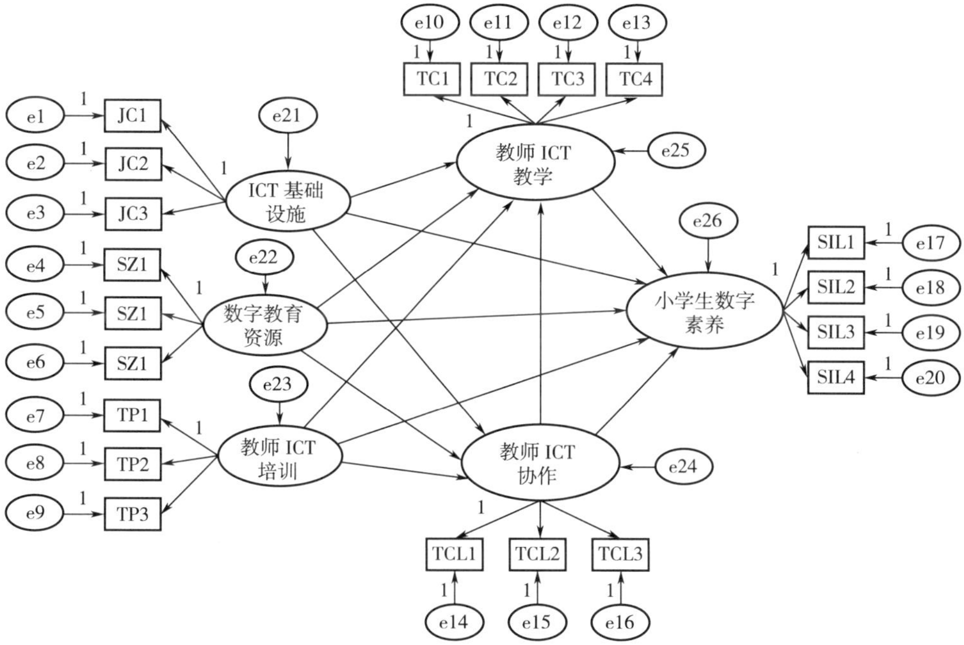

图5-3　小学生数字素养影响因素模型

表5-10　小学生数字素养影响因素初始模型拟合度检验结果

拟合指标	χ^2/df	GFI	AGFI	RMSEA	CFI	TLI	NFI
适配标准	≤ 5.0	≥ 0.9	≥ 0.9	≤ 0.08	≥ 0.9	≥ 0.9	≥ 0.9
检验结果	46.516	0.803	0.807	0.076	0.789	0.876	0.886

根据上述表格可知，除χ^2/df一般由于样本较大，不用作模型拟合度的参考指标外，其他指标如GFI=0.803<0.9，AGFI=0.807<0.9，CFI=0.789<0.9，TLI=0.876<0.9，NFI=0.886<0.9，均未达到拟合标准，表明初始模型的拟合度不佳，需要对模型进行进一步修订。

在结构方程模型中，一般通过模型的修正指数（Modification Index，MI）来进行修正，当MI值大于4时，需要对模型进行修订。小学生数字素养影响因素的修正后模型的拟合度检验结果如表5-11所示。从表中可以看出，修正后的小学生数字素养影响因素的模型拟合度得到较大提升，各拟合指标均达到适配标准。因此，可认为修正后的小学生数字素养影响因素模型具有较高的拟合度。

表5-11 小学生数字素养影响因素的修正后模型拟合度检验结果

拟合指标	χ^2/df	GFI	AGFI	RMSEA	CFI	TLI	NFI
适配标准	≤ 5.0	≥ 0.9	≥ 0.9	≤ 0.08	≥ 0.9	≥ 0.9	≥ 0.9
检验结果	35.527	0.976	0.960	0.044	0.973	0.961	0.973

（二）影响因素的路径系数

对修正后的小学生数字素养影响因素的模型进行验证，各变量的影响路径分析结果如图5-4所示。

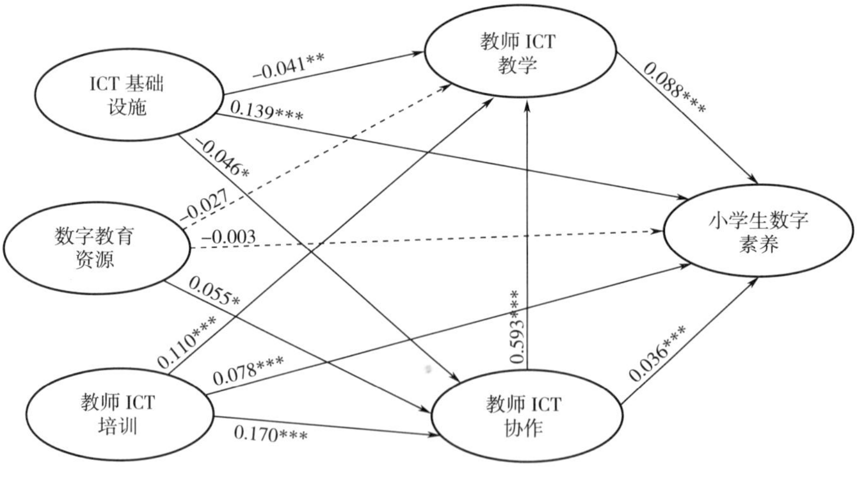

图5-4 小学生数字素养影响因素的模型验证结果

学校及教师因素对小学生数字素养影响的具体路径系数分析结果如表5-12所示。下面分别从学校ICT投入对小学生数字素养的影响、教师ICT使用对小学生数字素养的影响、学校ICT投入对教师ICT使用的影响等方面进行说明。

表5-12　学校及教师因素对小学生数字素养影响的具体路径系数分析结果

研究假设	路径	路径系数 β	标准误 SE	临界比 CR	检验结果
H1	ICT基础设施—>小学生数字素养	0.139***	1.285	8.260	支持
H2	数字教育资源—>小学生数字素养	-0.003	0.937	-0.130	不支持
H3	教师ICT培训—>小学生数字素养	0.078***	0.601	4.628	支持
H4	教师ICT教学—>小学生数字素养	0.088***	0.550	9.601	支持
H5	教师ICT协作—>小学生数字素养	0.036***	0.329	4.010	支持
H6	ICT基础设施—>教师ICT协作	-0.046*	0.025	-2.327	不支持
H7	数字教育资源—>教师ICT协作	0.055*	0.017	2.281	支持
H8	教师ICT培训—>教师ICT协作	0.170***	0.010	10.127	支持
H9	ICT基础设施—>教师ICT教学	-0.041**	0.030	-2.843	不支持
H10	数字教育资源—>教师ICT教学	-0.027	0.025	-1.237	不支持
H11	教师ICT培训—>教师ICT教学	0.110***	0.019	5.703	支持
H12	教师ICT协作—>教师ICT教学	0.593***	0.013	76.458	支持

注：* $p < 0.05$，** $p < 0.01$，*** $p < 0.001$。

①关于学校ICT投入对小学生数字素养的影响方面：学校ICT基础设施对小学生数字素养具有显著影响（β=0.139，p=0.000），因此，接受原假设H1；学校的数字教育资源对小学生数字素养的影响不显著（β=-0.003，p=0.897），因此，拒绝原假设H2；学校教师ICT培训对小学生数字素养具有显著的正向影响（β=0.078，p=0.000），因此，接受原假设H3。

②关于教师ICT使用对小学生数字素养的影响方面：教师使用ICT开展课堂教学对小学生数字素养具有显著正向影响（β=0.088，p=0.000），因此，接受原假设H4；教师使用ICT开展协作交流活动对小学生数字素养同样具有显著正向影响（β=0.036，p=0.000），因此，接受原假设H5。

③关于学校ICT投入对教师ICT使用的影响方面：ICT基础设施对教师ICT协作具有显著负向影响（β=−0.046，p=0.020），因此，拒绝原假设H6；数字教育资源对教师ICT协作具有显著正向影响（β=0.055，p=0.023），因此，接受原假设H7；教师ICT培训对教师ICT协作具有显著正向影响（β=0.170，p=0.000），因此，接受原假设H8；ICT基础设施对教师的ICT教学具有负向影响（β=−0.041，p=0.004），因此，拒绝原假设H9；数字教育资源对教师ICT教学无显著影响（β=−0.027，p=0.216），因此，拒绝原假设H10；教师ICT培训对教师ICT教学具有显著的正向影响（β=0.110，p=0.000），因此，接受原假设H11；教师使用ICT开展协作也同样对教师的ICT教学具有正向显著影响（β=0.593，p=0.000），因此，接受原假设H12。

五、学校与教师因素模型的城乡差异检验

（一）模型拟合结果

根据学校所处的地理位置，将处于市区的学校划分为城市学校，将处于乡镇地区的学校划分为乡镇学校。在相关分析的基础上，根据图5-4的理论模型，分别构建城市学校与乡镇学校的影响因素模型，再运用结构方程模型分别对城市学校及乡镇学校对小学生数字素养的影响路径进行分析。城市学校结构方程模型拟合度检验结果如表5-13所示，乡镇学校结构方程模型拟合度检验结果如表5-14所示。城市学校的χ^2/df= 33.877，乡镇学校的χ^2/df=33.31，显著大于判断标准3。但由于卡方自由度比受到样本量影响较大，特别是在大样本中一般不作为判断依据，所以此处结合其他指标进行综合评价。根据分析结果，城市学校与乡镇学校结构方程模型的各拟合指标均符合要求，说明模型拟合程度良好。

表5-13 城市学校结构方程模型拟合度检验结果

拟合指标	χ^2/df	GFI	AGFI	RMSEA	CFI	TLI	NFI
适配标准	≤5.0	≥0.9	≥0.9	≤0.08	≥0.9	≥0.9	≥0.9
检验结果	33.877	0.951	0.919	0.066	0.937	0.907	0.935

表5-14　乡镇学校结构方程模型拟合度检验结果

拟合指标	χ^2/df	GFI	AGFI	RMSEA	CFI	TLI	NFI
适配标准	≤ 5.0	≥ 0.9	≥ 0.9	≤ 0.08	≥ 0.9	≥ 0.9	≥ 0.9
检验结果	33.31	0.941	0.905	0.070	0.942	0.915	0.941

（二）路径系数的城乡差异检验

分别对城市学校及乡镇学校进行影响因素模型的检验，城市学校小学生数字素养影响路径系数模型如图5-5所示，乡镇学校小学生数字素养影响路径系数模型如图5-6所示。

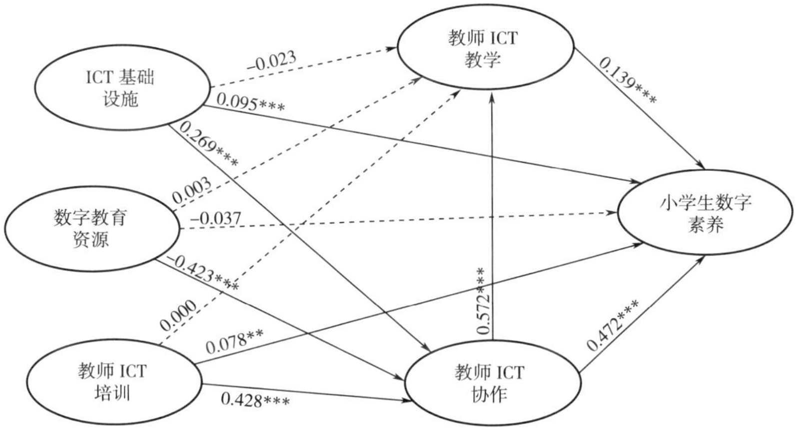

图5-5　城市学校小学生数字素养影响路径系数模型

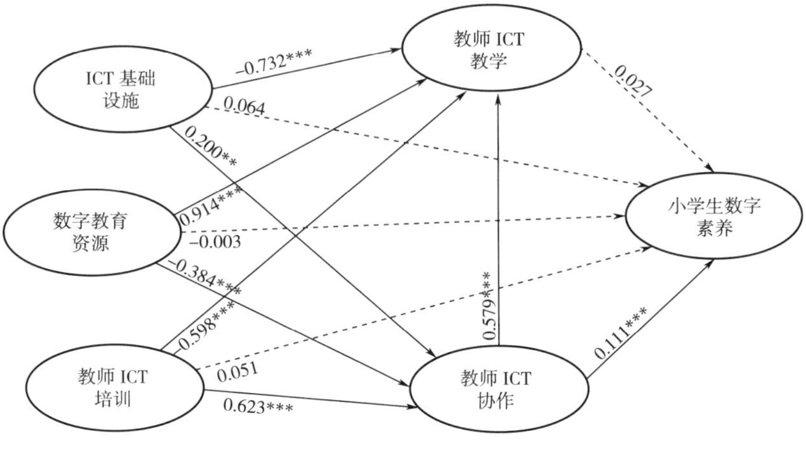

图5-6　乡镇学校小学生数字素养影响路径系数模型

学校与教师因素对小学生数字素养影响的城乡差异如表5-15所示。下面进行具体说明。

表5-15　学校与教师因素对小学生数字素养影响的城乡差异

研究假设	路径	城市学校			乡镇学校			检验结果
		路径系数 β	标准误 SE	临界比 CR	路径系数 β	标准误 SE	临界比 CR	
H13	ICT基础设施→小学生数字素养	0.095***	1.565	4.815	0.064	3.122	1.708	支持
H14	数字教育资源→小学生数字素养	−0.037	1.276	−1.330	−0.003	2.480	−0.060	不支持
H15	教师ICT培训→小学生数字素养	0.078**	0.750	3.094	0.051	1.987	1.286	支持
H16	教师ICT教学→小学生数字素养	0.139***	0.682	9.007	−0.027	0.984	−0.979	支持
H17	教师ICT协作→小学生数字素养	0.472***	0.717	7.631	0.111***	1.568	4.000	不支持
H18	ICT基础设施→教师ICT协作	0.269***	0.030	9.676	0.200**	0.092	3.179	不支持
H19	数字教育资源→教师ICT协作	−0.423***	0.020	−13.220	−0.384***	0.072	−4.252	不支持
H20	教师ICT培训→教师ICT协作	0.428***	0.011	15.436	0.623***	0.062	8.924	不支持
H21	ICT基础设施→教师ICT教学	−0.023	0.032	−1.288	−0.732***	0.236	−7.324	支持
H22	数字教育资源→教师ICT教学	0.003	0.028	0.108	0.914***	0.185	6.340	支持
H23	教师ICT培训→教师ICT教学	0.000	0.019	−0.005	−0.598***	0.148	−5.794	支持
H24	教师ICT协作→教师ICT教学	0.572***	0.030	32.851	0.579***	0.044	21.204	不支持

注：*$p<0.05$，** $p<0.01$，*** $p<0.001$。

①关于学校ICT投入因素对小学生数字素养的影响方面，学校的ICT基础设施对城市学校小学生数字素养（β=0.095，p=0.000）具有显著正向影响，而对乡镇学校小学生数字素养（β=0.064，p=0.088）无显著影响，因此，接受原假设H13。学校数字教育资源对城市学校（β=−0.037，p=0.183）与乡镇学校（β=−0.003，p=0.952）小学生数字素养均无显著影响，因此，拒绝原假设H14。教师ICT培训对城市学校小学生数字素养（β=0.078，p=0.002）具有显著正向影响，而对乡镇学校小学生数字素养（β=0.051，p=0.198）无显著影响，因此，接受原假设H15。

②关于教师ICT使用对小学生数字素养的影响方面，城市学校教师ICT教学（β=0.139，p=0.000）对小学生数字素养具有显著正向影响，而乡镇学校教师ICT教学（β=−0.027，p=0.327）对小学生数字素养无显著影响，因此，接受原假设H16。城市学校教师ICT协作（β=0.472，p=0.000）对小学生数字素养具有显著正向影响，而乡镇学校教师ICT协作（β=0.111，p=0.000）对小学生数字素养具有显著正向影响，因此，拒绝原假设H17。

③关于学校ICT投入因素对教师ICT使用的影响方面，ICT基础设施对城市学校教师ICT协作（β=0.269，p=0.000）具有显著正向影响，同样，ICT基础设施对乡镇教师ICT协作（β=0.200，p=0.001）也具有显著正向影响，因此，拒绝原假设H18；数字教育资源均对城市学校教师ICT协作（β=−0.423，p=0.000）和乡镇学校教师的ICT协作（β=−0.384，p=0.000）具有显著负向影响，因此，拒绝原假设H19；教师ICT培训对城市学校教师的ICT协作（β=0.428，p=0.000）与乡镇学校教师的ICT协作（β=0.623，p=0.000）均具有显著正向影响，因此，拒绝原假设H20；ICT基础设施对城市学校教师ICT教学（β=−0.023，p=0.198）无显著影响，而对乡镇学校教师ICT教学（β=−0.732，p=0.000）却有显著的负向影响，因此接受原假设H21。数字教育资源对城市学校教师ICT教学（β=0.003，p=0.108）无显著影响，而对乡镇学校教师ICT教学（β=0.914，p=0.000）却有显著的正向影响，因此，接受原假设H22。教师ICT培训对城市学校教师ICT教学（β=0.000，p=0.996）无显著影响，而对乡镇学校教师ICT教学（β=−0.598，p=0.000）具有显著负向影响，因此接受原假设H23。教师ICT协作对城市学校教师（β=0.572，p=0.000）与乡镇学校教师ICT教学（β=0.579，p=0.000）均具有显著的正向影响，因此，拒绝原假设H24。

六、结论与讨论

（一）学校与教师因素对小学生数字素养的影响

1. 学校ICT投入对小学生数字素养的影响

学校的ICT基础设施对小学生数字素养具有显著正向影响。这一结果与已有研究类似，相关研究表明，学校的ICT基础设施是开展数字化教学、提升学生数字素养水平的基础与前提，学校的ICT基础设施（如计算机、平板）的数量与学生数字素养的水平具有正向相关性，即表明学生拥有的ICT基础设施数量越多，则有更多的机会开展数字化教学的实践，从而在实践中促进自我数字素养的提升[69]。学校的数字教育资源对学生的数字素养无显著影响。而产生这一结果的可能原因有两个方面：一方面，由于本研究关于数字教育资源的调研问卷主要涉及数字教育资源的建设数量与更新频率方面，而对数字教育资源的内容与应用情况并没有关注。虽然教育资源的数字化在一定程度上扩大了师生的知识面，但数量繁杂、与学科知识的融合程度低反而不利于学生数字素养的培养[149]。另一方面，由于小学生在认知与构建知识体系方面的能力还比较低，在使用数字化教育资源时，并没有注意加强总结与提炼，没有实现数字化教育资源的真正利用，从而无法在自行甄选、组织相关数字学习资源中建构自己的知识体系，培养自己发现、思考、分析与判断的能力，即促进数字素养的提升[150]。

2. 学校ICT投入对教师ICT使用的影响

本研究发现ICT基础设施对教师的ICT教学具有负向影响。产生这一结果的主要原因是虽然我国教育数字化发展不断深入推进，学校的ICT基础设施配备逐步完善，但大部分教师的数字化应用能力不高，由此，ICT基础设施对教师的数字化教学并没有产生显著正向影响。如有研究通过调查发现，虽然大部分中小学教师具备一定的利用数字技术开展教育教学的能力，但还仅仅处于辅助教学活动的浅层次阶段，与利用数字技术工具或设备来转变学生的学习方式和提升教学质量的要求还有较大差距[151]。类似的，学者杨臻通过对河南省部分中小学教师数字技术教学的情况调研发现，超过50%的教师在使用数字技术获取教育资源、开展教学实践方面都遇到了较多困难[152]。此外，本研究还发现教师ICT培训对教师ICT协作具有显著正向影响。这一研究结论与已有研究结果类似，相关研究表明在教师的专业发展过程中，培训是提升教师专业能力的重要途径[153][154]。系统、合理及有针对性的教师ICT培训能帮助教师熟悉数字技术知识及相关工具，有助于帮助教师改变传统教学模式，积极应用数字技术开展教育教学[155]。

3. 教师ICT使用对小学生数字素养的影响

教师的ICT教学对小学生的数字素养具有显著正向影响。这一结论与已有研究类似，相关研究表明，教师在教学活动中使用ICT对学生的数字处理与交流有积极影响[79]。Tsai等人研究表明，教师将ICT作为一种教学辅助工具，并积极应用于教学实践，对学生个体的ICT能力具有显著影响[139]。城市与乡镇学校的教师ICT协作均对小学生数字素养具有显著正向影响。相关研究结果也证实了该结论，如Zhu等人在探究教师与家长对中学生数字素养的影响发现，与他人合作频繁使用ICT的教师，其所教学生的数字素养也相对较高[80]。张屹等人研究发现，提高教师网络协作沟通、交流的能力，能够帮助教师在课堂教学中使用数字技术，从而促进学生能力或素养的提升[78]。

（二）学校与教师因素对小学生数字素养影响的城乡差异

1. 学校ICT投入对小学生数字素养影响的城乡差异

城市学校的ICT基础设施对小学生数字素养具有显著正向影响，而乡镇学校的ICT基础设施对小学生的数字素养却无显著影响。产生这一结果的主要原因主要包含两个方面：一方面，城乡在ICT基础设施建设方面具有显著差异。本研究通过调研发现，城市学校ICT基础设施方面的得分均值显著高于乡镇学校的ICT基础设施均值。另一方面，城市和乡镇学校的数字化应用仍然存在明显的差距，乡镇学校的数字化应用水平低于城市学校。如卢春等人通过对城市与农村地区中小学校数字化应用状况的调研分析发现，55.23%的城市学校教师能够利用数字化教学设备进行教学、备课，而乡镇学校教师的比例仅为40.25%[155]。因此，针对乡镇学校，在完善ICT基础设施配备的基础上，应重点提升教师的数字化应用水平，从而才能发挥ICT基础设施在促进学生的知识、技能及素养方面的作用与价值。

城市学校教师的ICT培训对小学生数字素养具有显著的正向影响，而乡镇学校的教师ICT培训对小学生的数字素养无显著影响。造成这一差异的主要原因，除了乡镇学校教师的ICT培训次数显著低于城市学校的教师ICT培训次数外，有研究者通过调研发现，乡镇学校教师对数字化培训的积极性不高[156]，大部分教师认为参加数字化培训增加自己的负担，占用正常准备教学和活动的时间[157]。此外，在数字化培训过程中，部分专家采用“灌输”方式进行，而参加研修或培训的教师的作业多以分数进行呈现，大部分教师并不能摸清自己存在的不足与问题[158]。因此，针对教师的数字化培训，尤其是乡镇学校的教师，不能单纯地增加培训的频次和轮次，忽略教学实践的实际应用场景与问题，从而导致教师在ICT应用过程中遇到的针对性难题得不到解决。因此，这一结论也说明针对乡镇学校教师的ICT培训，不仅仅要体现在频次和轮次上，还应针对教师的教育背景、专业、学习能力等特征进行针对性培训。

2. 学校ICT投入对教师ICT使用影响的城乡差异

城市学校的数字教育资源对教师ICT教学无显著影响，而乡镇学校的数字教育资源对教师ICT教学却有显著的正向影响。数字教育资源及其应用是学校教育数字化发展的核心，对提升教师的教学效果，开展以学生为主体、实现个性化教学具有重要支撑作用。城市学校中处于数字化应用的高级阶段学校的比例较多，比较重视学校数字教育资源如校本资源库的建设。而相较于城市学校，处于教育数字化初级发展阶段的乡镇学校，教师的个性化教学资源制作能力较弱，更倾向于直接去互联网获取现有资源，因此对优质数字教育资源的需求更为迫切[159]。由此可见，数字教育资源的建设是乡镇学校在教育数字化发展过程中需要重点关注的因素。

城市学校ICT基础设施对教师ICT教学无显著影响，而乡镇学校ICT基础设施对教师ICT教学却有显著的负向影响。孙妍妍等人通过调研发现，城市学校和乡镇学校的教师在数字化教学能力方面存在显著差异，乡镇教师利用数字技术开展教学的能力普遍较低，显著低于城市教师及整体教师的均值[160]。康玥媛等人通过调查发现乡镇教师在网络课程的开发与设计能力、数据分析能力以及移动终端应用能力方面，与城市学校教师相比有显著差异；而关于ICT基础设施的使用效果方面，乡镇教师大部分呈负面评价，设备不好用、网速太慢，难以满足学校所有班级开展数字化常态教学的需求[161]。因此，这表明乡镇教师的数字化教学基础设施处于劣势，要进一步完善乡镇学校基础设施的建设，并应加强其数字化教学能力的培训与提升。

3. 教师ICT教学对小学生数字素养影响的城乡差异

城市学校教师的ICT教学对小学生数字素养具有显著正向影响，而乡镇学校教师ICT教学对小学生数字素养无显著影响。在乡镇学校中，教师使用数字技术的频率与应用层次都显著低于城市学校教师。杨福义通过对全国各级各类中小学教师的数字技术应用状况进行调研发现，乡镇教师的使用频率要明显低于城市学校教师[162]。此外，有研究表明，乡镇学校中小学教师的数字素养水平相对有限，部分教师不能正视数字技术在教育教学中的作用，在使用方面更多的是相对初级的数字技术，如上网查资料、文字与数据处理，而对于使用数字技术设计教学策略、优化教学流程、与学生交流等相对高级的应用则很少[163]，从而难以促进学生数字素养的提升。因此，该研究结果表明要重点提升乡镇学校教师的数字化教学能力及数字素养水平。

【本章小结】

本章从城乡差异的视角，将CIPP模型作为理论框架，将学校ICT相关因素（ICT基础设施、数字教育资源、教师ICT培训）作为投入变量，将教师ICT教学、教师ICT协作作为中介变量，将小学生数字素养作为产出变量，构建了小学生数字素养影响因素模型，分别探究了学校与教师层面因素对小学生数字素养影响的路径及其城乡差异情况。根据本章的分析，可以得出以下结论：①关于学校ICT投入对小学生数字素养的影响，整体学校及城市学校的ICT基础设施对小学生的数字素养具有显著正向影响，而乡镇学校无显著影响；整体学校、城市与乡镇学校的数字教育资源均对学生的数字素养无显著影响；整体学校及城市学校教师的ICT培训对其小学生的数字素养具有显著的正向影响，而对乡镇学校小学生的数字素养无显著影响。②关于学校ICT投入对教师ICT使用的影响，整体学校及乡镇学校的ICT基础设施对教师的ICT教学具有负向影响，而对城市教师的ICT教学无显著影响；数字教育资源对整体学校及城市学校的教师ICT教学无显著影响，而对乡镇教师ICT教学却有显著的正向影响；整体学校、城市及乡镇学校的教师ICT培训对教师ICT协作具有显著正向影响。③关于教师ICT使用对小学生数字素养的影响，整体学校及城市学校教师的ICT教学使用对小学生的数字素养具有显著正向影响，而乡镇学校教师ICT教学对小学生的数字素养无显著影响；整体学校、城市学校及乡镇学校教师ICT协作对小学生的数字素养均具有显著影响。本章的研究结论一方面可为进一步理解当前由于城乡差距而导致的数字鸿沟在不同层面的具体表现提供依据，另一方面可以明确城市学校与乡镇学校在影响小学生数字素养方面的异同，从而为不同类型的学校尤其是乡镇及农村学校的小学生数字素养培养与提升提供针对性的策略与建议。

第六章

家庭层面因素对小学生数字素养的影响分析

一、问题的提出

学生的数字素养培育是一个复杂、系统的工程，需要学校、家庭及社会的共同努力。家长作为孩子的第一任老师，在其子女的教育过程中占有关键地位，尤其在小学阶段，家长对其子女的数字素养具有重要影响。虽然已有研究在探讨家长对其孩子的数字素养影响方面取得了一定的成果，如部分研究表明家长数字技术应用态度[164]、数字技术应用能力及引导孩子使用数字技术的方式[165]对学生的数字素养具有显著影响。但这些研究大多将家长视为一个整体，往往采用以变量为中心的研究方法，如采用回归分析、结构方程模型等方法，探讨家长的整体均值对学生数字素养的影响，这些方法旨在讨论变量之间的关系，解释自变量在多大程度上会对因变量产生影响，而没有考虑家长的个体差异特征[166]。事实上，不同家长在能力或素养上表现并不相同。从实际研究价值来讲，基于一个整体均值探究的关键影响因素，难以全面、细致地了解家长对其孩子数字素养的影响，从而无法针对不同家长群体提出有效的干预策略，以此促进学生数字素养的培养与提升。鉴于此，本研究拟采用以个体为中心的研究方法，深入探究家长在数字技术应用能力的潜在类别及其特征，分析影响家长数字技术应用能力类别的关键影响因素，为教育管理者及相关政策制定者理解家长数字技术应用能力的潜在异质特征提供理论依据。此外，本研究还将探讨不同数字技术应用能力的家长对其子女的数字素养的影响差异，从而为相关教育工作者从家校共育视角制定小学生数字素养提升策略与政策提供参考。

潜在剖面分析（Latent Profile Analysis，LPA）是以个体为中心的研究取向的一种统计分析方法。LPA假设存在某一种方式，可以实现基于潜变量的特征对群体进行类别或程度的划分，通过对不同类型的亚群体进行区分，可进一步探究到以变量为中心的研究方法无法观察到的群体差异特征。近年来，越来越多的研究者将LPA应用于社会学、心理学等领域，LPA方法通过统计拟合指标来确定所需的类别，不依赖于严格的聚类分析假设，对数据类别要求较为宽松，考虑了变量的不确定性或误差，聚类效果比系统聚类法更优。

因此，本研究采用LPA方法，依据家长数字技术应用相关变量为外显变量构建潜在类别模型，从而辨别家长的群体异质性，分析不同类别的家长数字技术应用的特点与差异，探究不同家长类别对其子女数字素养的影响差异。

具体来讲，本研究要探讨的问题如下。

问题1：父母数字技术应用能力是否存在不同的类别？如果存在，不同类别家长的特征是什么样的？

问题2：在家长与子女关系、家长受教育程度、家长使用数字技术设备时间、家庭是否接入互联网、家庭月平均收入等背景变量中，哪些变量是影响家长数字技术应用能力类别的关键变量？

问题3：不同数字技术应用能力类别的父母对其孩子数字素养总分及各一级指标得分的影响是否存在显著差异？

二、研究设计

（一）调研对象的选择

本研究选取位于我国中部的安徽省作为调研地区，共计2417名四、五年级的小学生作为调研样本，参与调研的小学生情况如表6-1所示。近年来，安徽省人民政府颁布了《安徽省智慧学校建设总体规划（2018—2022年）》[167]，明确提出要大力提升师生数字素养水平，并将学生数字素养融入学生评价体系。考虑到学生小升初的入学考试压力可能会导致一些测评结果不准确，因此学生的样本排除了小学六年级学生。

表6-1　参与调研的小学生情况

年级类别	男	女
四年级	601	532
五年级	661	623
总计	1262	1155

学生的家长需完成家长调查问卷，每个家庭由一名家长完成，家长调查问卷通过学生所在班级的教师统一发放在家长群里，并向家长说明此次调研的目的，家长自愿选择参与调研。最后，数据回收后，家长问卷与学生问卷通过学生名字实现一一匹配。

参与调研的家长基本信息如表6-2所示。从表中可知，参与此次调研的家长大部分为学生的母亲，比例达到68.1%，其次为父亲，比例为29.3%，而其他监护人比例为2.6%。从家长受教育程度水平来看，大部分家长的受教育程度普遍较低，接受高中及以下学历教育的家长比例达到71.9%，而接受本科及以上教育的家长仅达到14.9%。从家长使用数字技术设备的时间来看，3年及以下的家长比例为26.3%，3～5年的家长比例达到20.1%，5～8年的家长比例达到19.9%，8年及以上的家长达到33.7%。从家庭联网情况来看，95.3%的家庭已接入宽带网络，但还有4.7%的家庭未连接互联网。从家庭平均月收入来看，收入在4000元及以下的家庭比例为40.9%，收入为4000～6000元的家庭比例为28.3%，月收入为6000～8000元的家庭比例为14.1%，月收入为8000元及以上的家庭比例为12%。

表6-2　参与调研的家长基本信息

背景变量	类别	比例
与子女关系	父亲	29.3%
	母亲	68.1%
	其他监护人	2.6%
家长受教育程度	小学	9.0%
	初中	33.6%
	高中	29.3%
	专科	13.2%
	本科	10.8%
	硕士或博士	4.1%
家长使用数字技术设备时间	少于1年	7.2%
	1～3年	19.1%
	3～5年	20.1%
	5～8年	19.9%
	8～10年	13.1%
	10年以上	20.6%
家庭是否接入互联网	是	95.3%
	否	4.7%

续表

背景变量	类别	比例
家庭平均月收入	2000元以下	13.4%
	2000～4000元	27.5%
	4000～6000元	28.3%
	6000～8000元	14.1%
	8000～10000元	8.4%
	10000元以上	3.6%

（二）研究工具

本章的研究工具主要包含两个部分：一是开展小学生数字素养水平的评估，主要应用第四章所构建的测评工具；二是开展家长数字技术应用能力的调查，主要参考的是Julian等人[28]与Aesaert等人[79]研究中所针对家长数字技术应用能力的调查问卷。数字技术应用能力是指个体为适应数字化社会而使用数字技术相关的知识、技能、能力、价值观等的综合能力[168][169][170]。关于家长数字技术应用能力方面的因素，主要包括家长数字技术使用、数字技术自我效能感与数字技术态度，家长在其子女使用数字技术的教养方式，如相关支持与规则等。家长数字技术使用是指他们利用特定的数字技术应用软件如电子表格、多媒体演示文稿、电子邮件等方面的频率；家长数字技术自我效能感是指家长解决与计算机相关任务的信心；家长的数字技术态度指其对使用计算机、互联网的态度。家长数字技术教养方式包括两个方面：家长数字技术支持和家长数字技术规则。家长数字技术支持指父母与子女讨论数字技术有用性和父母参与子女数字技术活动的程度；家长数字技术规则是指父母在时间和内容方面，制定查看或使用数字技术的规则来控制或规范子女使用数字技术的程度。

家长数字技术应用调查问卷及样题如表6-3所示，所有题目均采用李克特五级量表。

为进一步检验调查问卷的科学性与合理性，需要对其信度、效度进行检验。针对家长调查问卷的信度主要通过问卷的内部一致性系数（Cronbach's α）、组合信度（Composite Reliability，CR）来衡量。效度采用聚合效度和区分效度来检验：聚合效度采用平均方差萃取量（Average Variance Extracted，AVE）来表示；

表6-3 家长数字技术应用调查问卷及样题

测量维度	样题	题目数量
家长数字技术使用	你用电脑创建或编辑文档的频率是多少？ A. 从不 B. 一个月少于一次 C. 一个月至少一次 D. 一周至少一次 E. 每天	7题
家长数字技术态度	我认为使用计算机辅助学习比不使用计算机学习更有趣 A. 非常不同意 B. 不同意 C. 中立 D. 同意 E. 非常同意	7题
家长数字技术自我效能感	我能够在计算机上编辑电子照片或其他图形图像 A. 非常不同意 B. 不同意 C. 中立 D. 同意 E. 非常同意	6题
家长数字技术规则	我（或我的伴侣）限制孩子使用电脑的时间 A. 从不 B. 极少 C. 偶尔 D. 经常 E. 一直	4题
家长数字技术支持	我（或我的伴侣）会告诉我的孩子关于他们浏览互联网的事情 A. 从不 B. 极少 C. 偶尔 D. 经常 E. 一直	11题

区分效度则是通过潜在变量AVE的平方根与其他变量的相关系数大小来判断，若潜在变量的AVE平方根显著大于其与其他变量间的相关系数，则说明各潜在变量间具有良好的区分效度。对家长数字技术应用能力调查问卷的信度、效度检验结果如表6–4所示。从表中可以看出，家长问卷的各维度的内部一致系数Cronbach’s α处于0.84～0.93之间，大于阈值0.60，表明该调研问卷具有较好的信度。聚合效度AVE值在0.46～0.64之间，表明在可接受的范围内[171]。家长数字技术应用能力各变量的相关系数均小于对应的AVE的平方根，表明该问卷的区分效度良好。综上，可以说明所应用的家长数字技术应用能力调查问卷结构良好，所采集的数据具有较强的可信度。

表6–4 家长数字技术应用能力调查问卷的信度、效度分析

维度	聚合效度	信度		区分效度				
	AVE	CR	Cronbach’s α	数字技术使用	数字技术态度	数字技术支持	数字技术规则	数字技术自我效能感
家长数字技术使用	0.59	0.91	0.91	0.77	—	—	—	—
家长数字技术态度	0.46	0.86	0.86	0.38	0.68	—	—	—
家长数字技术支持	0.56	0.93	0.93	0.59	0.47	0.75	—	—
家长数字技术规则	0.64	0.84	0.84	0.38	0.45	0.67	0.8	—
家长数字技术自我效能感	0.52	0.92	0.92	0.46	0.67	0.55	0.50	0.72

（三）家长数字技术应用能力现状调研

家长数字技术应用变量的描述性统计分析结果如表6–5所示。表中呈现了家长数字技术应用变量的均值、标准差、极值及偏度与峰度。在所有变量中，家长数字技术态度的均值（3.42）最高，表明大部分家长对数字技术持积极的态度；家长的数字技术自我效能感（3.36）次之，表明大部分家长对使用数字技术具有较强的自信心。家长在使用数字技术养育方面，家长的数字技术规则均值为2.92，而家长的数字技术支持均值为2.48，说明大部分家长对小学生数字技术使

用制定规则要多于给予的数字技术支持。家长数字技术的使用得分均值则最低，为2.17。

表6-5 家长数字技术应用变量的描述性统计分析

变量	均值	标准差	范围		偏度	峰度
家长数字技术使用	2.17	1.04	1.0	5.0	0.55	−0.66
家长数字技术态度	3.42	0.77	1.0	5.0	−0.55	0.57
家长数字技术支持	2.48	0.85	1.0	5.0	0.29	−0.24
家长数字技术规则	2.92	1.01	1.0	5.0	−0.12	−0.68
家长数字技术自我效能感	3.36	0.75	1.0	5.0	−0.54	0.80

（四）研究方法

LPA的核心思想在于假设存在一种方式，可以根据个体在潜在变量上的特征对群体进行分类。与传统的聚类方法不同，LPA不仅考虑了个体在各个变量上的表现，更强调了潜在变量的存在，这使得LPA能够更全面地揭示群体内的多样性。

LPA的步骤包括：首先，确定潜在类别的数量；其次，通过统计拟合指标，估算模型参数；最后，得到每个个体在每个潜在类别上的概率值，从而确定其所属的潜在类别。这一过程能够帮助研究者理解群体内部的异质性，并识别出不同亚群体之间的差异。

三、家长数字技术应用能力的潜在剖面分析

（一）最优模型的选择

为探究家长数字技术应用能力的类别，采用Mplus软件以家长数字技术相关变量（家长数字技术使用、家长数字技术态度、家长数字技术支持、家长数字技术规则及数字技术自我效能感）为自变量构建潜在剖面模型，不同类别数目的潜在剖面模型的拟合指数如表6-6所示。

表6-6　不同类别数目的潜在剖面模型的拟合指数

类别数量	AIC	BIC	SSA-BIC	Entr	LMR-LRT *p* value	B-LRT *p* value	nC < 8/5%
1	28850.437	28897.835	28872.416	—	—	—	—
2	26771.523	26848.545	26807.240	0.706	0.00	0.00	0
3	25856.604	25963.250	25906.058	0.791	0.00	0.00	0
4	25445.544	25581.814	25508.736	0.786	0.00	0.00	1/0
5	25210.230	25376.124	25287.159	0.782	0.00	0.00	1/0

注：nC < 8/5% = 各分类中人数小于总数的8%或5%的个数。

潜在剖面分析判断模型是否为最优模型主要依据的指标[172]如下：①AIC（Akaike Information Criteria）、BIC（Bayesian Information Criteria）和SSA-BIC（Sample Size Adjusted Bayesian Information Criterion），统称为信息指数，这几个指标的值越小，表明模型具有越高的拟合度。②Entr，即熵（Entropy），表示模型分类的精确度，其值的范围为0～1，越接近1，表明当前的分类越准确。③似然比检验包括LMR-LRT（Lo-Mendell-Rubin Likelihood Ratio Test）和B-LRT（Bootstrapped Likelihood Ratio Test），该指标常用于比较两个相邻的模型，其显著性指标*p*值，若小于0.5，具有显著性，说明k类别模型拟合优于k-1类别模型。

从表中内容可知，随着分类的类别数目的增加，模型的信息判断标准（AIC，BIC，SSA-BIC）随之降低。所有模型的LMR-LRT *p*值和B-LRT *p*值均为0.000，达到显著水平，而所有模型的分类精度指标—熵（Entropy）值均≥0.70，表明分类精度较高。因此，在这种情况下，有研究推荐采用信息指数的变化趋势图来确定最优模型[173]。各类别数目的模型数字指数变化趋势如图6-1所示。从图中可以看出，指标的变化幅度以类别3为分界线，前两种分类模型的指标变化幅度较大，后面两种模型的指标变化则趋于平缓，说明随着模型分类数量的增加，相较于前一个模型而言，后一个模型的优化程度逐渐减小。

此外，为进一步确定优先模型，计算了当类别数量为4的模型中，所划分的各类别中家长的数量。结果表明，当类别数量为4，各类别的家长数分别为145，375，1129，768。其中样本属于第1个类别的数量为 145 ，约占家长总数的

6.00%，该类别的参与者数量太少，不具有实际意义，因此，可以说明，当分类类别的数目为4的模型理论可解释性较低。同样的情况也出现在分类类别数目为5的模型中，各类别家长的数量分别为138，538，701，260，780。因此，综上考虑，类别数量为3的模型为最优模型。

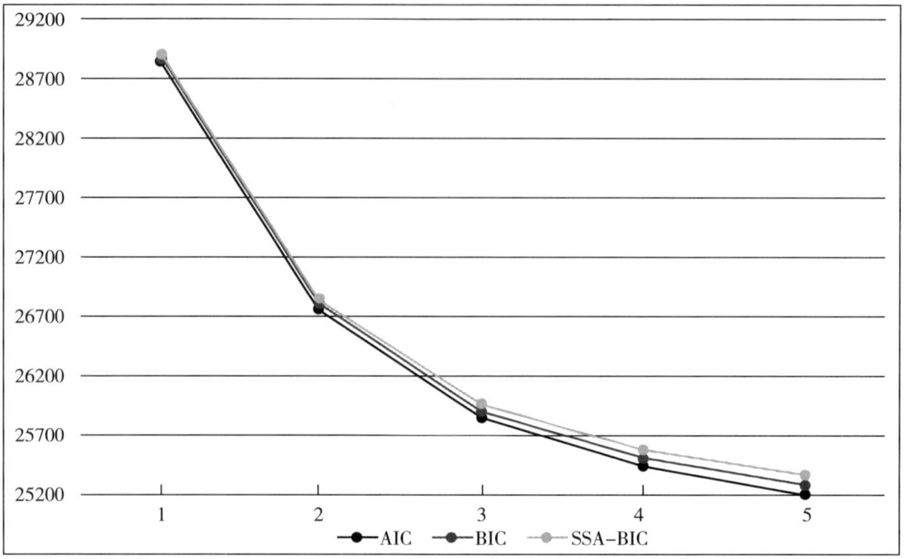

图6-1 各类别数目的模型信息指数变化趋势

为进一步检验模型选择的正确性，采用Mplus软件计算当类别数量为3，属于各类别的平均分类概率。各类别成员被正确分类的平均概率如表6-7所示。沿着对角线以粗体表示的数值反映了参与者在给定的潜在类别中被正确分类的平均概率。从表中可知，家长被准确划分为类别1的平均概率为91.40%，被准确划分为类别2的平均概率为90.0%，被准确划分为类别2的平均概率为88.5%。可以看出，当类别数量为3，家长成员被划分到各类别的平均正确概率较高（均大于88%）。因此，综合考虑以上各拟合指标，同时参考模型的简洁性和实际情况，最终选定类别3模型为潜在剖面分析模型。

（二）家长类别特征分析

在确定家长类别数量的情况下，对不同类别的家长的特征进行分析。三个类别模型中家长数字技术应用能力的平均值如表6-8所示。

表6-7　各类别成员被正确分类的平均概率

类别	1	2	3
类别1	**0.914**	0.049	0.037
类别2	0.100	**0.900**	0.000
类别3	0.120	0.000	**0.885**

表6-8　三个类别模型中家长数字技术应用能力的平均值

家长数字技术应用能力	类别1 常规应用者（N= 1356）		类别2 消极应用者（N= 717）		类别3 活跃应用者（N= 344）		*F*
	M	SE	M	SE	M	SE	
家长数字技术使用	2.26	0.02	1.39	0.02	3.45	0.05	760.37***
家长数字技术态度	3.48	0.02	2.93	0.03	4.20	0.03	456.04***
家长数字技术支持	2.62	0.01	1.56	0.01	3.83	0.02	3144.12***
家长数字技术规则	3.19	0.02	1.85	0.03	4.09	0.03	1536.31***
家长数字技术自我效能感	3.46	0.02	2.80	0.03	4.12	0.03	561.69***

注：***p<0.001。

三个类别的家长特征归纳如下。

第一类，“常规应用者”。该类别家长共1356名，人数最多，约占家长总人数的56.10%。所有数字技术应用能力变量的得分显示出该类家长数字技术应用为基本水平。这类家长偶尔使用数字技术，对数字技术持中立态度，具有适度的数字技术自我效能感。他们还积极支持儿童使用数字技术，并偶尔制定限制儿童使用数字技术的规则。

第二类，“消极应用者”。该类别家长共717名，约为家长总数的29.66%。该类别家长的所有数字技术应用能力变量的平均得分最低。在这一类中，家长自己的数字技术自我效能感较差，对数字技术持消极态度。此外，家长很少在日常生活中使用数字技术，很少为孩子使用数字技术提供支持，也几乎没有制定任何与数字技术相关的规则来管理孩子的上网行为或活动。

第三类，“活跃应用者”。该类别家长共344名，约占家长总人数的14.23%。该类家长使用数字技术的频率高，对数字技术持积极态度，并具有较高的数字技术自我效能。他们还高度参与了孩子的互联网使用或其他数字技术活动。此外，这些家长为子女提供了积极的数字技术支持，并制定了相对严格的数字技术使用规定，以限制子女使用互联网和计算机。

此外，本研究采用单因素方差分析（ANOVA）检验了三个类别在各变量上的差异。结果表明不同类别家长在其数字技术应用能力的相关变量的均值差异达到显著水平（$p<0.001$），该结果也从侧面说明了在潜在剖面分析中，确定家长类别为3的模型的有效性。表6-8呈现三个类别家长在数字技术应用各变量上的均值，图6-2对比呈现了三个类别家长在数字技术应用各变量的均值，而表6-9归纳了三类家长各自在其数字技术应用方面的特征。

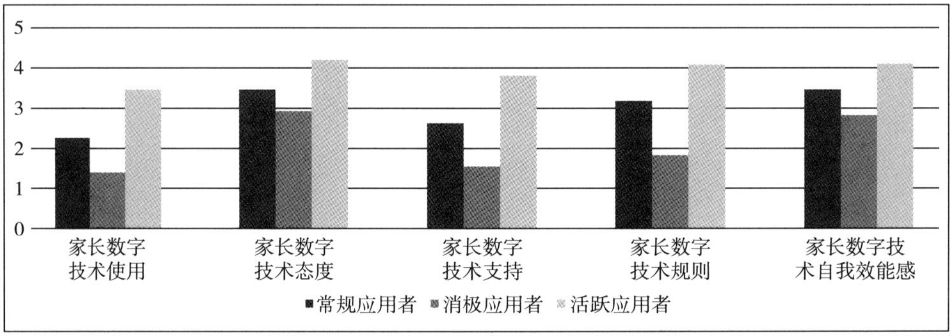

图6-2 三个类别模型中家长数字技术应用各变量的分布

表6-9 三个类别家长的数字技术应用特征

类别	变量				
	数字技术使用	数字技术态度	数字技术支持	数字技术规则	数字技术自我效能感
消极应用者	很少	消极	很少	几乎没有制定	低
常规应用者	偶尔	中立	有时	偶尔制定	中
活跃应用者	经常	积极	经常	定期制定	高

四、家长类别与家庭背景变量的关系

为探究三个类别家长在家庭背景变量的差异，分别统计了三类家长在“与子女关系”“受教育程度”“家长使用数字技术设备时长”“家庭数字技术设备接入情况”“家庭平均月收入”的分布比例，并对分析结果进行了卡方检验，具体情况如表6-10所示。从表中可知，三类家长在“家长受教育程度（p=0.000）”“家长使用数字技术设备时间（p=0.000）”“家庭是否接入互联网（p=0.002）”“家庭月平均收入（p=0.000）”变量上的类别比例构成存在显著差异，而在“与子女关系（p=0.223）”变量上的类别比例构成不存在显著差异。

表6-10　三个类别家长在家庭背景各变量上的人数比例分布

相关变量		类别1：常规应用者	类别2：消极应用者	类别3：活跃应用者
与子女关系	父亲	30.1%	27.1%	30.5%
	母亲	67.1%	69.9%	68.3%
	其他监护人	2.8%	3.1%	1.2%
家长受教育程度	小学	7.9%	14.6%	1.5%
	初中	30.3%	49.7%	13.4%
	高中	30.5%	23.8%	35.8%
	专科	15.6%	7.3%	16.3%
	本科	11.9%	3.2%	22.1%
	硕士或博士	3.8%	1.4%	11.0%
家长使用数字技术设备时间	少于1年	4.6%	14.9%	1.2%
	1～3年	17.3%	28.0%	7.6%
	3～5年	20.1%	19.9%	20.1%
	5～8年	22.9%	15.2%	18.3%
	8～10年	14.0%	11.4%	13.1%
	10年以上	21.0%	10.5%	39.8%
家庭是否接入互联网	是	93.3%	89.5%	94.8%
	否	6.7%	10.5%	5.2%

续表

相关变量		类别1：常规应用者	类别2：消极应用者	类别3：活跃应用者
家庭月平均收入	2000元以下	0.0%	20.8%	0.0%
	2000～4000元	66.7%	26.0%	19.0%
	4000～6000元	0.0%	27.3%	19.0%
	6000～8000元	0.0%	0.0%	14.7%
	8000～10000元	33.3%	26.0%	37.4%
	10000元以上	0.0%	0.0%	9.8%

对卡方检验中的显著变量进一步分析发现，在“家长受教育程度”变量的类别构成比例上，第3类家长（活跃应用者）的受高等教育的比例（本科及以上）为33.1%，要明显高于第1类家长（常规应用者）的比例15.7% 和第2类家长（消极应用者）的比例4.6%。因此，可以说明“活跃应用者”类型的家长受教育程度相比“常规使用者”和“消极使用者”家长更高。在“家长使用数字技术设备的时间”方面，第2类家长（消极应用者）使用时间少于1年的比例为14.9%，显著高于第1类家长（常规应用者）的比例4.6%和第3类家长（活跃应用者）的比例1.2%。第3类家长在使用时间为8年及以上的比例为52.9%，明显高于第1类家长的比例35%和第2类家长的比例21.9%。因此，可以说明“活跃应用者”类型的家长具有较丰富使用数字技术设备的经历。在“家庭是否接入互联网”的变量上，第2类家长（消极应用者）的家庭未连接互联网的比例为10.5%，明显高于第1类家长的比例6.7% 和第3类家长的比例5.2%。在“家庭月平均收入”的变量方面，第3类家长的家庭月收入达到6000元及以上比例为61.9%，显著高于第1类家长（常规应用者）的比例33.3%和第2类家长（消极应用者）的比例26.0%；而第2类家长的家庭月收入处于2000元以下的比例为20.8%，显著高于第1类家长和第3类家长的比例。由此，可以说明“活跃应用者”类型的家长家庭社会经济条件更好。

五、家长类别与小学生数字素养的关系

为研究具有不同数字技术应用能力的家长与其孩子的数字素养的关系，本研

究分别计算三个类别家长所对应子女在数字素养总分及各一级指标的均值，并采用单因素方差分析检验各变量均值的差异，结果如表6-11所示。从表中可知，家长被划分为“活跃应用者”的孩子在数字素养测试中要比那些被划分为“常规使用者”和“消极使用者”的家长的孩子表现更好。通过事后进一步检验发现，在数字素养总分及各一级指标得分上，与那些家长是“消极应用者”“常规应用者”的学生相比，其家长是“活跃应用者”的学生在数字素养总分以及各一级指标（数字意识与态度、数字思维与行为）方面的得分更高。

表6-11　不同类别家长与小学生数字素养的关系

维度及类别		个数	均值	标准差	F	事后检验
学生数字素养	类别1	1356	63.38	18.42	5.08^{**}	类别2<类别3，类别1<类别3
	类别2	717	62.56	18.28		
	类别3	344	66.45	22.14		
数字意识与态度	类别1	1356	21.25	6.82	4.19^{*}	类别2<类别3，类别1<类别3
	类别2	717	21.17	6.43		
	类别3	344	22.37	7.53		
数字知识与技能	类别1	1356	10.89	4.27	2.83	—
	类别2	717	10.71	4.00		
	类别3	344	11.37	4.64		
数字思维与行为	类别1	1356	13.78	6.50	16.17^{***}	类别2<类别1<类别3
	类别2	717	13.048	6.94		
	类别3	344	15.57	7.48		
数字社会责任	类别1	1356	17.46	6.73	0.63	—
	类别2	717	17.64	6.40		
	类别3	344	17.15	7.10		

注：$^{*}p < 0.05$，$^{***}p < 0.001$。

六、结论与讨论

（一）家长的潜在类别及特征

本章采用潜在剖面分析的方法，对家长数字技术应用能力的类型进行类别划分，根据模型的拟合指标将类别数量为3的模型作为最优模型，三个类别分别为"活跃应用者""常规应用者""消极应用者"。各类别在数量上呈现正态分布，具有显著的类别特征。

①"活跃应用者"类别的家长表现为具有较高的数字技术自我效能，对利用互联网、计算机解决日常生活与工作中的相关问题具有较强的信心，对使用数字技术持积极的态度，经常使用相关的数字技术软件开展社交活动，完成相关工作任务等。在养育子女方面，一方面对其孩子在应用数字技术开展学习、生活上的活动方面持支持的态度，高度参与其子女的数字技术支持下的学习等；另一方面，也制定了相对严格的数字技术使用规则，如对其孩子的上网时间、上网的活动都有清晰的规定，这一类别的家长占家长总群体的14.23%。

②"常规应用者"类别的家长群体人数最多，占比为56.10%。该类别的家长偶尔会在日常生活、工作中使用数字技术，对数字技术持中立态度，具有适度的数字技术自我效能感。他们积极支持儿童使用数字技术，并偶尔制定限制儿童使用数字技术的规则。

③"消极应用者"类别的家长极少使用数字技术，对数字技术持消极态度，在日常生活中很少使用数字技术的相关设备，对其子女的上网行为或活动也没有制定明确的规范。这一类别的家长占家长人群的29.66%。

在已有研究中，Walker等人[174]采用线上调研的方式，将1653名美国家长按其使用数字技术的活动类型、频率及数字技术设备的类型划分为了三个潜在类别：活跃应用者、一般使用者和限制性使用者。该项研究结果表明，活跃应用者的家长人数最多。而在本研究中，活跃应用者类型的家长数量相对较少。一方面由于国情不一样，美国的数字技术设施配备更为完善，国民拥有接触更多数字技术设备和使用数字技术的机会。因此，活跃应用者类别的人数相对更多。另一方面，相较于Walker等人的研究，本研究增加了更多关于家长的数字技术应用变量，如家长的数字技术态度、数字技术自我效能感、数字技术支持和规则。因此，由于类别划分的基础变量不一致，分析的结果也可能不一样。相较于前人的研究，本研究采用更多关于家长数字技术应用的变量，能更加细致地刻画不同家长潜在的类别特征，可为相关研究人员、政策制定者了解父母数字技术应用能力的差异性提供更丰富的数字，从而为了解不同家长群体的潜在需求提供一个新的视角，如对于常规应用者及消极应用者类别的家长来讲，如何来进一步提升家长的数字技术自我效能感、改变家长的数字技术态度、帮助其习得使用数字技术知识来进一步调节其子女计算机支持下的学习与生活。

（二）家长类别与家庭背景变量的关系

关于家长类别与家庭背景变量的关系方面，研究结果表明三个类别家长在“家长受教育程度”“家长使用数字技术设备时间”“家庭是否接入互联网”“家庭平均月收入”变量的构成比例上呈现显著差异。具体来讲，活跃应用者家长接受教育程度较高，使用数字技术设备的时间也相对较长，家庭经济水平与家庭互联网接入情况都较好。因此，这一结果也可以说明，家长的学历水平、使用数字技术设备的经验以及家庭经济状况对家长的数字技术应用能力具有显著影响。相关研究证实了该研究结论，如Scherer等人研究表明，社会经济情况越好的家庭，更能够为其子女提供更好的家庭数字技术使用环境，而受教育程度越高的家长，更能为其子女在数字技术或计算机方面的使用提供更多的数字帮助与支持[175]。类似的，郑明珠通过对小学生使用数字技术设备的城乡差异情况调研发现，中等偏高的人均收入家庭能为孩子提供更多的数字技术使用设备，因而其孩子使用数字技术的情况要优于人均收入处于偏低水平的家庭的孩子[176]。

（三）家长类别与小学生数字素养的关系

“活跃应用者”类别的家长，经常使用数字技术，对数字技术持积极的态度，具有较高的数字技术自我效能，并高度参与其孩子的互联网或数字技术使用的活动或学习中，经常会制定一套规则来指导其子女互联网和计算机的使用。这类家长的子女的数字素养整体较好，尤其是在数字意识与态度、数字思维与行为方面的得分较高，显著高于“常规应用者”和“消极应用者”父母的子女在这方面的表现，即表明家长的数字技术应用相关特征，如数字技术态度、数字技术自我效能感、数字技术使用、数字技术支持与数字技术规则，对其孩子的数字素养具有显著影响。Aesaert等人的研究也证实了这一结论，具有积极数字技术态度的家长，在日常生活中能正视计算机、互联网对学生学习的影响，更愿意为其子女在ICT设备上提供支持，其孩子接触互联网、媒体技术等的机会更多[177]。有研究发现家长的ICT自我效能感会对其网络态度有积极影响，家长的ICT自我效能感越强，对帮助与支持其子女完成数字技术相关任务时越充满信心，反之，若家长的ICT自我效能感较低，会影响其对子女使用数字技术的指导[178]。

此外，关于家长数字技术教养方式方面，本研究结果发现“活跃应用者”类型的家长一方面对其子女居家使用数字技术开展学习方面提供了更多的支持，另一方面，对使用计算机或互联网的时间和活动方面也制定了明确的规则。由此说明，家长对子女的数字技术支持和制定数字技术的规则同等重要。有研究表明虽然数字媒体、计算机等对提升孩子的阅读、数学及技术素养非常重要，但其使用的时长需要重点考虑，若不当使用，则会对孩子的身体健康、认知过程、社会性发展等方面产生负向影响[176][179]。但也有研究指出，一味严格限制子女接触计算机或禁止开展网上交流活动，虽然在一定程度上能减少子女接触网络的一些负面内容，避免子女遭受网络霸凌、网络欺骗等风险，但同时也限制了子女使用数字技术的机会，不利于发展并锻炼其数字技术的意识与技能等[180]。因此，如何对子女数字技术的使用进行科学、合理的调节十分关键。相较于“活跃应用者”类别的家长，那些被划分为“消极应用者”和“常规应用者”类别的家长，他们使用数字技术开展活动的频率相对较低，对数字技术的态度也不积极，较少对子女利用数字技术开展学习活动提供帮助或支持，也没有制定相对明确的规范来引领子女的网络行为或活动。因此，针对“消极应用者”和“常规应用者”类别的父母，需要从数字技术使用、数字技术态度、数字技术自我效能、数字技术支持与规则方面进行相应提升。

【本章小结】

本章基于家校共育的研究视角，以2417名小学四、五年级学生的家长为研究对象，采用潜在剖面分析的方法划分了家长数字技术应用的类别，并在此基础上，采用单因素方差统计分析了家长数字技术的潜在异质性对其孩子数字素养的影响。研究结果显示：①家长在数字技术应用方面，可以划分为三种不同的类别：常规应用者、消极应用者、活跃应用者。三个类别的家长人数所占比例分别56.10%、29.66%、14.23%。②具备不同数字技术应用能力的家长对其孩子的数字素养影响不同。研究结果表明父母被划分为“活跃应用者”的小学生在数字素养测试中的表现要优于父母被划分为“消极应用者”和“常规应用者”的小学生。

本章的研究结果一方面可以为理解家长在数字技术应用方面的差异提供一个

新的视角，进而为了解不同类别家长在数字技术应用方面的潜在需求提供一定的借鉴与参考；另一方面，研究结果表明具备较高数字技术应用能力的家长对小学生的数字素养具有显著正向影响，因此，可为从家庭视角培育与提升小学生的数字素养提供一定的启示，具有重要的现实意义。

第七章

小学生数字素养培养模型及策略研究

一、小学生数字素养提升的时代意义与价值

我国进入社会主义新时代，标志着中国社会发展迈入了新的历史阶段。在这个新时代，面对日益激烈的国际竞争和快速变化的科技发展，培养大批具备良好数字素养与技能的高素质人才成为当务之急。数字化教育的推行已然成为我国教育改革发展的战略抉择之一，因为它不仅可以提升全民的数字素养，还能带动教育现代化的全面进步，为建设网络强国、数字中国、弥合数字鸿沟和发展差距、促进教育数字化转型提供重要支撑。

（一）建设网络强国和数字中国的开创性工程

在《提升全民数字素养与技能行动纲要》中，把提升全民数字素养与技能指定为建设网络强国、数字中国的基础性、战略性、先导性工作，这意味着数字素养的培养已经成为国家发展战略的重要一环。截至2020年12月，中国网民规模已经达到了9.89亿，其中学生是网民群体中的主力军，占比达到21.0%[181]。这个庞大的数字用户群体中，学生的比例尤其高，这也凸显了培养和提升学生数字素养的紧迫性和重要性。

学生是国家的未来，他们的数字素养直接关系到国家未来在网络安全与数字化领域能否抵御外部威胁、实现自主创新。数字化时代的到来，对于数字素养的要求越来越高，仅仅会上网、使用智能设备已经远远不够，更需要具备信息获取、处理、评价、利用的能力，以及对网络安全、隐私保护等方面的认知和实践能力。这些能力将直接影响到国家在数字经济时代里能否占得先机、勇立潮头。因此，我们必须重视小学生数字素养培育，加强网络人才、高端数字人才的培养，为建设网络强国、数字中国提供坚实的人才支撑。

（二）弥合数字鸿沟和发展差距的关键举措

数字鸿沟是指数字化发展过程中存在的差距和不平等现象，主要表现在两个层次上：一是在数字基础设施方面的鸿沟，又称为“设备鸿沟”或“接入鸿沟”[182]；二是在数字技术应用能力方面的鸿沟，也被称为“技能鸿沟”或“应用鸿沟”[183]。

在数字基础设施方面，一些地区由于经济条件、地理位置等因素，可能存

在设备更新滞后、网络接入速度慢等问题，导致数字基础设施发展不均衡。然而，随着政府的投入和各地的努力，这方面的鸿沟正在逐步缩小。数据显示，我国99.9%的中小学已经实现了百兆以上宽带接入，98.7%的中小学校拥有多媒体教室，网络接入鸿沟、装备配置鸿沟已经得到显著改善。而在数字技术应用能力方面的鸿沟，则较为复杂。一些地区和学校虽然已经具备了良好的数字基础设施，但由于师资力量不足、教学方法滞后等原因，导致数字技术在教育中的应用程度不尽相同。这种情况下，提高教师的数字素养尤为重要。只有当教师和学生都具备了数字技能和应用能力，才能真正发挥数字技术在教育中的作用，从而缩小数字鸿沟。

特别是对于21世纪的数字原住民来说，他们是生来就具备数字基因的一代人，他们对于数字技术的接受能力和应用能力更高。因此，提高这一代人的数字素养，尤为重要。他们需要掌握使用数字媒体、数字资源的能力，培养数字化的思维方式，这对于将数字鸿沟转化为数字机遇，推动数字化发展具有重要意义。

（三）加快教育数字化转型进程的内在需求

人工智能、大数据等新一代数字技术的迅猛发展，正在给传统教育生态带来巨大的冲击，同时也使教育的数字化转型进入了一个重要的机遇期。在这个背景下，全面提升学生的数字素养被认为是推动教育数字化转型的重要战略任务。建立健全的学生数字素养培养体系，已经成为当前急需解决的问题。

当前，教育领域的数字化转型进程进一步加速，并且凸显了学生数字素养培育的紧迫性和重要性。线上教育形式不仅考验了学生的数字素养，也促使学校和教育机构更加重视数字教学资源的开发和应用。

现如今，线上教育已经成为新常态，而混合式教学模式也被广泛接受和采用。这种模式不仅仅是简单地将线上教学与传统教学相结合，更是要求学生具备一定的数字学习意识、技能和能力。提升学生的数字素养已经成为教育的当务之急，只有通过加强数字素养教育，培养学生的信息获取、分析、创新能力，才能更好地适应数字化时代的教育需求，推动教育数字化转型的深入发展。

二、小学生数字素养培养的现实困境与挑战

尽管数字素养培育意义重大，但目前我国小学生数字素养培育仍然存在着重

视度不够、系统化不足、滞后性突出等问题。具体而言，数字素养培育具有整体化、衔接化、长程化的迫切需求，它不仅是培养全面发展的人，也是提升国家科技创新能力的重要抓手。然而，在现实中，小学生数字素养培育却面临着边缘化、碎片化、滞后化等多重挑战，这严重制约了数字素养培育效果的提升。

（一）重视程度不够：数字素养培育长期处于边缘状态

数字素养在当今数字化时代具有举足轻重的地位。随着科技的飞速发展，数字化技术已经渗透到我们生活的方方面面，成为我们日常生活中不可或缺的一部分。在这个背景下，数字素养的培育显得尤为重要。然而，值得关注的是，尽管数字素养的重要性被广泛认可，但在教育实践中，小学生数字素养的培育却常常处于边缘状态，缺乏足够的重视和支持。具体而言，对小学生数字素养培育的重视度不够的表现主要体现在以下两个方面。

一是数字素养培育长期存在着教师、课时和经费上的“三少”困境。自中小学数字技术学科设立以来，数字技术教师一方面肩负着推动国家教育数字化的责任，掌握着校园中新兴的技术工具，不断努力前行；另一方面，却在“应试教育”的压力下逐渐被边缘化，沦为“维修工”“勤杂工”，甚至“透明人”[184]。这种现象导致数字技术教师职业倦怠现象日益严重，离职率居高不下，加剧了师资紧缺的局面。尽管我国早在2000年就将数字技术课程列为中小学必修课程，但与其他学科相比，数字技术课程的教学内容相对较少，课时安排不足。而且，数字技术课程经常受到其他学科的挤占，导致学生数字素养的培育面临着重重困难。此外，数字技术课程还面临着设备更新慢、经费支持少的问题。数字技术课程对设备和场地的要求较高，但大部分学校只注重机房建设，而且往往只配置台式机，其他技术设备和教学资源匮乏[185]。这种软硬件配备不足已成为制约当前学生数字素养培育的重要因素。尽管一些学校已经意识到了这一问题，但在资金方面仍然难以获得足够的支持，尤其对于乡镇和县城的学校来说，情况更不乐观。

二是在不同教育阶段，学生数字素养培育缺乏基础依据。尽管我国已经建立并于2017年修订了《普通高中信息技术课程标准》[186]，但受到师资力量和硬件设施等因素的制约，课程模块，尤其是“人工智能初步”“移动应用设计”“三维设计与创意”“开源硬件项目设计”等模块的开设率仍然较低，导致课程标准的实施效果不尽如人意[187]。另外，尽管义务教育阶段的信息科技课程标准已经发布，但其贯彻落实还需要一个过程。由于长期缺乏课程标准的引领和指导，义务教育阶段学生数字素养课程的开设质量参差不齐，课程内容存在学段重叠或脱节等现象，课程教材过分强调工具操作和技术应用，而忽略了培养学生的综合素养。调研显示，我国义务教育阶段学生数字素养水平在不同地区存在着较大的差异。东部、中部和西部地区的小学生和初中生在数字素养的总体水平上存在显著差异，尤其在意识、思维等方面表现出明显的差异。这种差异不仅影响着学生个人的发展，也影响着不同地区教育水平的整体提升[188]。因此，加强对数字技术课程标准的落实和完善，推动数字素养教育的全面发展，是当前教育改革和发展的重要任务之一。

（二）系统化培养不足：数字素养培育的碎片化问题与风险

小学生数字素养培育是一个系统性工程，需要从整体上考虑，通过统一的培育理念、方法和路径来推动数字素养的持续提升。数字素养培育的系统性要求是为了满足人的全面发展的需求。为了推进数字素养培育工作的系统化开展，在纵向上，需要加强不同学段之间的衔接，实现渐进式发展，促进学生数字素养水平的逐步提高；在横向上，需要整合家庭、学校和社会等各方面的力量，为学生的数字素养培育提供全方位、全程的支持。当前小学生数字素养培育存在系统化不足等问题，具体表现如下。

一是学科之间的协同不足是当前小学生数字素养培育的一大挑战。目前，小学生数字素养的培育主要依赖于数字技术课程，与其他学科的融合不够深入。这一问题主要体现在两个方面：一方面，教师在其他学科的教学中未能充分利用数字技术，缺乏意识和积极性，往往将数字技术仅作为教学的辅助工具而非主要手段，导致数字技术与其他学科的整合程度不够，无法实现知识整合和创新的效果；另一方面，数字技术课程教师与其他学科教师之间缺乏有效的协作，尤其在教学活动设计和数字资源开发等方面缺乏合作，这限制了学生问题解决能力和综合实践能力的发展。学科之间的不协调导致了数字素养培育的碎片化，使得学生在解决其他学科学习过程中遇到的问题时难以有效地利用数字技术，进而影响了数字化学习和创新能力的形成。

二是学段之间的衔接不足是小学生数字素养培育面临的另一个挑战。《教育部关于全面深化课程改革落实立德树人根本任务的意见》明确提出，要加强学段统筹，明确各学段的育人目标，实现依次递进、有序过渡，避免课程内容脱节、交叉和错位等现象[189]。然而，长期以来，小学生数字素养培育在目标上存在衔接性不强、系统性不足等问题，课程内容也呈现碎片化、零散化的趋势。不同学段的课程设计缺乏整体关联性、逻辑贯通性和层次递进性，导致交叉设计、重复设计等现象时有发生。尽管出台了《义务教育信息科技课程标准》，这一问题有望得到缓解，但其效果仍需要一段时间才能显现出来。换句话说，当前数字素养课程内容的相互割裂、彼此独立、缺乏系统性等问题，在一段时间内可能还将继续存在。

三是各主体的协同育人配合度不高。小学生数字素养的提升需要家庭、学校和社会的共同教育，其中家庭教育是基础，学校教育是核心，社会教育是补充，三者密切相关，相辅相成。然而，目前小学生数字素养的培育主要依赖于学校课堂教育，家庭和社会的参与度较低，甚至出现了孩子沉迷于电子产品、诱导未成年人进行网贷消费等不良现象。不同主体之间的配合不够，导致学校、家庭和社会之间的力量难以形成合力，角色缺失、冲突甚至相互制约的现象也时有发生。因此，要建立健全学校、家庭和社会之间的常态化协作机制，将小学生的数字素养培育融入日常生活中，实现不同主体、不同场景之间的有效联动，这至关重要。

（三）滞后性突出：数字素养的培育意识、方式和内容亟待更新

数字素养培育作为一种有目的、有意识的社会活动，受数字技术、经济社会发展的影响和推动，但又具有相对独立性。就内容而言，教师传授的内容大多是对过去技术、经济、社会和自然界事物的反映，例如计算机基础知识、相关技术的使用技能等，存在明显的滞后性；但也有一些内容是预测未来技术、经济、社会和自然界发展趋势的，如人工智能、机器学习、网络安全等方面的知识，具有一定的超前性。目前我国中小学生数字素养培育的滞后性较为突出，学生的批判性数字思维、创造性能力发展不足，培养质量难以跟上时代需求。数字素养培育的滞后性主要体现在以下方面：

一是小学生数字素养培育意识滞后。首先，教师作为学生数字素养培育的核心主体，缺乏将数字素养培育主动融入各学科教学的意识。一方面，数字素养培育普遍被认为是数字技术教师的专有责任，其他学科教师参与意识不强；另一方

面，数字技术教师本身缺乏提升学生数字素养的使命感，导致学生数字素养培育长期停留在简单、粗放和不计入教学效果的水平上。其次，家长对于孩子数字素养培育的重视度也不够。他们认为数字技术就是“玩电脑”，对孩子的学业发展无用，甚至容易导致沉迷网络、影响视力等问题，因此学生在家庭中的数字技术实践也往往受限。

二是小学生数字素养培育方式滞后。目前，中小学生数字素养培育的主要途径是数字技术课程，但教学方式大多仍停留在传统的以教师、教材、课堂为中心的阶段。这种传统的教学方式不仅难以培养数字化时代所需的计算思维、人机协作技能和问题解决能力，还容易导致学生数字素养发展出现被动性和依赖性的情况。由此，可能导致人才素质与社会需求不匹配，进而引发落差性和结构性的就业问题。鉴于数字技术课程的操作性和实践性特点，需要在教学方式上进行创新，以提高学生数字素养培育的效果。同时，需要深度拓展数字素养的培育渠道，将学生数字素养培育融入其他课程、各类比赛和社会实践中。

三是小学生数字素养培育内容滞后。随着数字技术和电子产品的快速更新，数字素养的内涵和要求也在不断演进。在这个背景下，个体必须具备超前的数字素养才能跟上新兴技术的应用方向和发展趋势。目前，人工智能、大数据等技术正在迅速崛起，并在各个领域得到广泛应用，其更新速度之快、迭代周期之短已经让人们难以准确把握其发展趋势。相比之下，数字技术课程内容的更新速度较慢，教科书更新周期更长。当技术更新的速度远远超过课程内容的更新速度时，就会加剧数字技术课程的滞后性与社会发展对个体数字素养要求的趋前性、剧变性之间的矛盾，还可能导致课程内容过于臃肿，使学生与时代发展的步伐脱节。

三、基于SECI理论的小学生数字素养培养模型构建

（一）SECI模型的基本原理

SECI模型，即社会化（Socialization）、外化（Externalization）、组合化（Combination）、内化（Internalization）模型，是由日本学者野中郁次郎和竹内弘于1995年共同提出的理论框架，最初用于企业管理领域。该模型关注知识的转换过程，将知识分为显性和隐性两类，并通过四种模式在不同场景中实现知识的转化。

SECI模型对知识的主要形式进行了划分：显性知识和隐性知识。显性知识是可以清晰表达和记录的，比如文档、报告等；而隐性知识则是个体内部的主观经验和技能，不易直接传递。

SECI模型提出了四种知识转换模式，如图7-1所示，具体内容如下。

社会化：在创始场中，个体通过互动和分享经验将隐性知识转化为共享的隐性知识。

外化：在互动场中，个体通过整理和提炼隐性知识，将其转化为显性知识形式，如文件、文档等。

组合化：在系统场中，将不同的显性知识元素组合形成新的显性知识，侧重于知识的整合与汇总。

内化：在练习场中，个体通过学习和实践，将显性知识内化为个体的隐性知识，从而形成经验和技能。

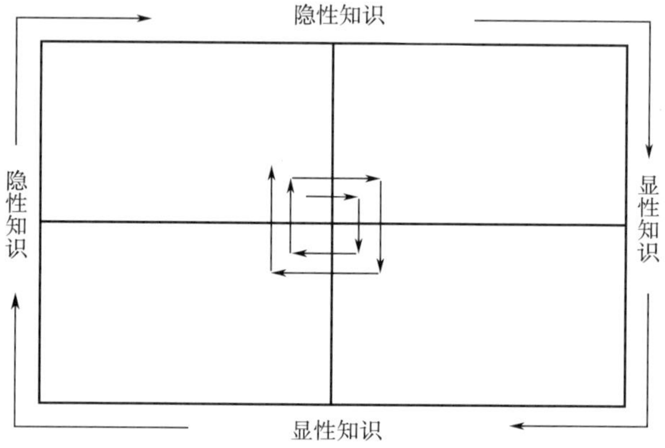

图7-1 SECI模型

（二）基于SECI理论的小学生数字素养培养模型构建

随着社会数字化进程的推进，培养小学生的数字素养已成为教育领域的重要任务之一。SECI模型揭示了知识转换和深化的过程，与数字素养培养中数字意识、数字知识到数字技能的目标一致。将SECI模型应用于学生的数字素养培养，有助于学校进一步明确培养目标，开展科学、合理的培养教育。SECI模型将知识划分为隐性知识和显性知识，同时强调了场（Ba）对知识转化的重要作用。数字素养包含的数字意识、数字技能和数字道德可划分为隐性知识，而数字知识则是显性知识。数字素养培养的过程即知识转换的过程。各院校应积极营造知识转换所需的场（Ba），为知识的分享、交流、融合和应用提供场所或平台，从而促进学生数字素养的提升。在这个背景下，SECI模型作为知识管理的经典理论，为构建小学生数字素养培养模型提供了新的思路。基于SECI理论的小学生数字素养培养模型如图7-2所示。

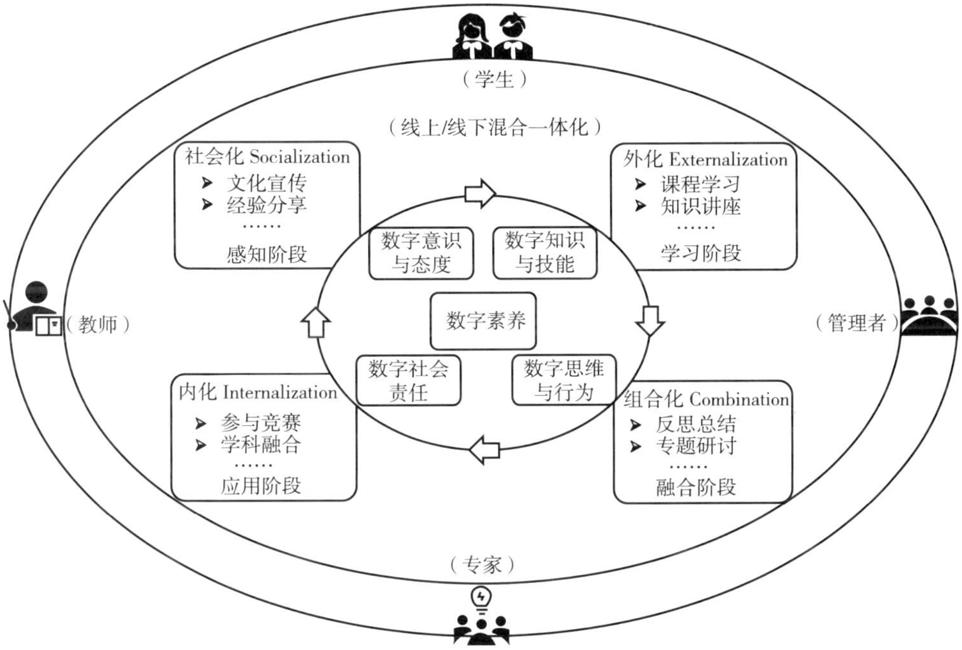

图7-2　基于SECI理论的小学生数字素养培养模型

基于SECI理论的小学生数字素养培养模型同样包括四个主要模式：社会化、外化、组合化和内化。每个模式代表了培养小学生数字素养的不同阶段，具体如下。

1. 社会化模式

在小学生数字素养的培养中，社会化模式强调学生在社交环境中获取数字知识和技能。教育者可以通过创设具有合作学习氛围的教学情境，引导学生相互交流、分享数字经验。这有助于将个体的隐性数字知识转化为共享的隐性知识，促进学生在数字领域的成长。此外，社会化模式还可以引导学生参与数字社区或者线上教育平台，与其他同龄人或者专业人士进行互动交流，从而拓宽视野，增加数字技能。

2. 外化模式

外化模式侧重于将隐性数字知识转化为显性知识。在小学生数字素养的培养中，可以通过组织学生参与数字项目、编写数字日志等方式，引导他们表达和记录个体的数字思维过程和解决问题的策略，形成显性的数字知识产出。此外，还可以通过数字作品展示、数字作品分享会等形式，让学生展示他们的数字作品和成果，增强其自信心，激发其创造力。

3. 组合化模式

组合化模式强调数字知识的整合与汇总。在小学生数字素养的培养中，可以通过设计数字综合应用的任务，让学生整合不同来源的数字知识元素，形成具有实际应用价值的新的显性数字知识。例如，组织学生进行数字作品创作比赛，要求他们综合运用数字技能、数字意识和数字道德，设计并实现一个数字作品，从而锻炼学生的综合能力和创新能力。

4. 内化模式

内化模式着眼于学生通过学习和实践，将显性数字知识内化为个体的隐性知识。在小学生数字素养的培养中，鼓励学生通过参与数字社区、实际应用数字技能等方式，将学到的数字知识转化为能够熟练运用的个体技能和经验。例如，教育者可以设计实践性的数字任务或者项目，让学生亲身参与其中，通过实际操作和体验，加深对数字知识的理解和掌握，从而实现数字素养的内化和提升。

（三）基于SECI理论的小学生数字素养培养机制

1. 学校统筹规划，建立多方合作的学生数字素养培养共同体

学校管理者应将学生数字素养的培养、提升纳入学校年度工作要点，并制定经费预算。制定科学合理的培养计划和方案，确保其行之有效，并在年终进行完成度考评，以确保学生数字素养培养引起足够的重视。此外，管理者还应组织建立学生数字素养考核评价指标，并纳入学生综合素养考核内容，建立奖励机制，以激发学生提升数字素养的积极性。

为了统一协调开展学生数字素养培养，各相关职能部门应当密切合作。例如，图书馆可以开展资源使用培训，网络数字中心可搭建信息素养教育平台，宣传部可广泛宣传网络道德和安全，学工部可组织数字素养技能竞赛等。专家在学

生数字素养培养工程中应发挥重要作用，提出培养方案和评价指标的参考意见，同时开展前沿知识讲座或培训，使学生紧跟时代发展步伐，掌握数字素养最新动态。学生数字素养的培养与教师密切相关。教师应不断提高自身的数字素养，以言传身教树立良好榜样，将现代化数字技术与课程教学有效结合，积极组织各种协作探究教学活动，鼓励学生利用各种资源和数字化手段提高数字素养。学生作为学生数字素养培养工程的主体，应在学校、教师的组织安排下积极学习和完成任务，同时在课余时间利用移动终端、网络平台进行自我学习和提升。总之，学生数字素养的提升需要各方共同努力、协调合作。

2. 重视隐性知识，促进小学生数字素养的全面提升

SECI理论将知识划分为隐性知识和显性知识两大类。隐性知识包括信念、隐喻、直觉、思维模式和诀窍类知识，而显性知识则可用规范化和系统化的语言传播，也称为可文本化的知识。

在学生数字素养的培养中，传统观念往往局限于教授计算机基础知识和文献检索等显性知识，而数字素养的内涵更广泛，包括数字意识、数字道德和数字技能等内容。数字意识涵盖了对数字的敏感、判断和洞察力，激发了人们自觉利用数字的兴趣；数字道德是在数字领域形成的信念、习惯和价值观；数字技能指人们获取、判断、处理数字信息的能力。这些内容大多属于SECI理论中的隐性知识，对学生数字素养的提升至关重要。

在构建基于SECI的学生数字素养培养模型时，要重视隐性知识的挖掘、传授和转化。在SECI理论的指导下，通过各个场域的作用，实现隐性知识向显性知识再到隐性知识的转换。这包括提高数字意识促进数字知识生成，提升信息技能，以及通过数字道德教育贯穿整个学生数字素养培养过程。基于SECI理论的学生数字素养培养模型不仅注重知识传授，更关注对学生潜移默化的影响、能力培养以及道德观和价值观的塑造。这有利于学生的全面发展，符合素质教育的内涵。

3. 逐步深入提升，构建四段式小学生数字素养培养模式

根据SECI理论，学生的数字素养培养过程可分为感知、学习、融合和应用四个阶段，逐步提升学生的数字素养水平。在感知阶段，学生通过校园文化和经验分享等方式，逐渐意识到数字化社会的重要性，初步了解数字素养的意义和知识技能。在学习阶段，教师直接传授数字知识，包括基础知识和新技术，通过语

言描述、演示操作等方式，使学生将隐性知识转化为可表达的显性知识。在融合阶段，通过反思总结和专题研讨会等形式，让学生对所学知识进行系统化梳理和深入理解，从而使知识更加全面、系统。在应用阶段，则通过举办竞赛活动和完成学习任务等方式，培养学生的数字能力和创新能力，实现由数字知识到数字技能的转换，同时学生也将自己的学习经验分享给其他同学，推动整个学生群体的数字素养不断提升。

四、小学生数字素养的培养策略

学生数字素养培育是一项系统工程，小学作为义务教育的开端，是个体数字素养培育的关键时期。因此，小学生的数字素养培育与提升需要社会、学校与教师及家庭等各方的通力协作。因此，结合研究的相关结论，为进一步提升小学生数字素养的水平，本研究提出应构建“政府——学校——教师——家庭”四位一体的学生数字素养教育环境，从而为小学生数字素养的培育营造良好的条件。

（一）从政府层面

1. 从战略层面加大对小学生数字素养教育的关注度

随着数字技术的不断发展，社会数字化程度的日益加深，发展学生数字素养，提升学生在数字化社会的生存能力，在战略层面，应发布相关政策及规划，从小学阶段就开始加大对学生数字素养的关注力度，并从社会、学校及家庭方面形成良好的数字素养培育氛围。第一，政府应加强监督与管理，弘扬正确的数字社会价值观，规范网络行为，加强网络安全管理，建立健全机制，净化网络育人环境，从小学阶段加强对学生数字安全、网络道德规范的教育。第二，重视对小学生数字素养的监测评估，推进小学生数字素养评价指标的制定与完善，以评估、促进各省市、各地区学生数字素养教育活动的开展，从而促进学生数字素养的提升。第三，学校教育，学生发展，教师是关键。因此，要大力提升教师数字素养。一方面要扭转学校及教师对数字技术及学生数字素养教育的偏差，学生数字素养教育不仅仅依靠数字技术课程，更需要加快数字技术与学科的融合；另一方面，发布相关政策，从国家层面重视教师数字素养的提升。第四，通过相关社会职能部门，提升家长的意识与认知，普及数字素养的相关知识，帮助家长转变教育观念，加强对家长参与学生数字素养教育重要性的宣传。

2. 制定小学生数字素养的分层评价标准及培养体系

当前，我国政府已发布《义务教育信息科技课程标准》，这是从政策层面厘定数字技术课程的学科价值与地位，并对课程方向、培育目标、培养内容方面进行总体规划。但是，一方面，在制定标准时还应考虑地区、城乡差异，即在统一的标准下，能分列不同层次来满足不同地区的需求；另一方面，应将小学生数字素养纳入学生个体评价体系。通过开展规模化的小学生数字素养测评实践，将评价结果作为学生能力的重要指标，根据测评结果设计促进小学生数字素养教育的实践活动。此外，可采用大数据等技术实现小学生数字素养的跟踪测评。比如针对东部及沿海城市，可考虑采用大数据技术持续跟踪采集每个学生成长过程中的各种数据，利用学习分析技术对学生数字素养相关表现进行全面系统的统计分析，了解每个学生的优势和不足，为每个学生提供更加科学、全面的数字素养个性化培育方案。

3. 重点关注乡镇及其他农村学校的教师与学生等弱势群体

第一，进一步完善乡镇学校及偏远地区农村家庭的ICT基础设施。本研究通过调研发现城市学校在ICT基础设施、数字教育资源等方面显著优于乡镇学校。有研究通过调查发现，在一些欠发达的薄弱学校，计算机配置仍然不能达到课程实施过程中“一人一机”的要求，部分学校的计算机使用年限已达到十年，无法正常支持数字技术课程的开展。在实际调研中，本研究还发现大部分农村家庭网络条件较差，缺乏计算机、平板电脑等终端设备。因此，政府及相关职能部门应制定相应的数字技术设施的补贴计划和原则，解决农村薄弱学校师生在网络、终端及工具上接入和使用的现实困难。第二，加强乡镇薄弱学校的数字技术教师队伍建设。相关研究表明，目前，我国大部分中小学的数字技术教师中仅11.3%专任于数字技术学科教学，有52%兼任学校网管、数字化设备维修等其他工作，有24.7%的学校的数字技术教师由其他学科教师兼任[181]。因此，针对乡镇地区中小学，应根据学校数字化发展的实际需求，增加数字技术学科在编教师数量，形成专业性强、水平高的数字技术专职人才队伍。第三，进一步提升乡镇学校教师的数字化教学能力。本研究的结果发现乡镇学校的ICT基础设施及教师ICT教学对小学生数字素养提升并无显著影响。导致这一结果的主要原因是乡镇学校教师的数字素养水平相对有限，对各类数字化设备和工具应用的知识储备不足，普遍缺乏利用数字技术调整教学策略，提升教学绩效的能力[182]，这对学生数字素养的培育与提升产生了重要影响。因此，一方面，应开展深入调研，充分了解不同地区、不同学校教师的数字化教学的现状及目前遇到的瓶颈与障碍；另一方面，各级各类学校应建立健全激励机制，通过评优、评先等方式鼓励教师使用数字技术开展传统学科教学的融合创新。

（二）从学校层面

1. 加强学校数字化基础环境建设

国家相关政策提出要求学校要加强数字化环境建设，要实现教育的数字化。学校的数字化建设主要有办公的数字化、图书馆的数字化、教学的数字化三个方面。①办公的数字化。学校引入办公系统，让全校实现无纸化办公，无论在学校还是外面都可以进行办公，学校相关的数字文件和通知都能及时收到，提高了办事效率。②图书馆的数字化。图书馆代表着学校的数字化，图书馆数字化的建设首先是硬件方面的建设，如馆藏书、自主服务设备（自主打印、扫描、自主借阅书籍、自主检索设备等）、师生电脑区、不同板块/专业的自学区及一些环境的设施等，为师生营造一个自由、舒适的环境和学习的氛围；其次是软件设施方面的建设，无线网络全面覆盖，数字图书馆网站的使用、文献数据库购买、各专业软件的安装和使用等。总之，图书馆的数字化建设可以吸引师生愿意来到图书馆，自主借阅书籍，利用电脑查阅资料或通过专业软件进行课后作业的练习或学习等，增强学生的数字知识和数字意识。③教学的数字化。各教学教室全面覆盖智能液晶屏、电子白板和网络，实训教室基本都是专业的电子仪器、电脑等设备，良好的数字化教学环境，带给教师和学生不一样的感觉，上课时教师必须掌握电子屏的操作，同时还要求学生们掌握，从而使学生在学习环境中处处能感受到数字化，而且还会使用数字化设备。

2. 增加学生数字素养教育的网络课程

目前学校已全面启动线上网络课程建设，线下课堂教学加网络课程的学习，一方面可以推进学校教育的数字化，实现资源共享、智慧课堂，把学生被动的学习状态转变成利用网络加网络课程资料主动的、探究式的学习。另一方面建议增设网络数字技术类的课程或公共选修课程，类同于专题培训课程，不仅可以丰富网络课程资源，加强学时课程体系，还可以发挥学生的主观能动性，自主地选择自己感兴趣的网络课程进行学习并计入学时。为了更好地学习网络课程，学生必须会使用搜索引擎或网址进入到网络课程中，还要学会如何查看资料，如何利用网络查找资料，并利用数字技术整理、处理资料等，尤其是数字技术类的网络课程，学生能经常使用电脑操作来完成，同时还能学习相应的数字技术如修图、视频摄录编、编程、动画制作、网页制作等，这些网络课程不仅可以丰富教学资料，更主要的是可以培养和提升学生的数字素养。

3. 开展数字素养主题教育活动

第一，开展数字安全活动。学校应在数字安全日4月15日前，在校园展板、横幅、培训会及有关数字安全的活动中宣传。首先由网管中心或图书馆牵头进行数字安全的培训，加强师生对数字安全知识的了解；其次开展数字安全作品的征集活动，通过镜头或文字创作让学生身体力行地去体现和提升自身的数字素养；最后联合开展数字安全活动，以座谈会、讲座或网上论坛等形式让学生参与到活动中，把真实的情景再现，提高学生的数字防范意识。面对纷繁复杂且虚幻的网络，学校要不断地加强学生安全知识的普及力度，为营造一个健康安全的校园和网络环境出一份力。

第二，开展数字检索活动。图书馆在每年的9—10月份开展数字检索培训会：首先对新生做好图书馆的宣传和介绍，让学生认识、了解图书馆，鼓励学生来图书馆学习看书，培养学生的数字意识；其次介绍图书馆的一些检索设备的使用、相应检索软件和检索方法，让学生学会这些设备的使用及掌握检索方法，增加学生对图书馆新的认识，让学生感受到图书馆的先进和良好的服务；再次组织有关的活动，设置主题，让学生进行数字检索，来提高学生数字检索的能力；最后还可以开展奖励活动，利用借阅记录奖励线上和线下综合阅读量最高的学生，提高学生的数字意识。

（三）从教师层面

1. 积极推进数字技术与传统学科教学的融合

目前，作为小学生，其受教育的主要时间在学校，而课堂教学是他们获取知识与技能的主要场所。2005年，教育部发布了《关于加快中小学信息技术课程建设的指导意见》，以此作为推进小学数字技术课程教学的总体指南，文件指出在小学阶段，主要关注培养与提升小学生使用计算机的兴趣和意识。数字意识与学习兴趣的培养需要一个长期系统的过程，需要贯穿于整个学校教育教学的全过程。因此，学校要转变教学理念，推进数字技术与其他课程的有效融合。一方面，学校通过开展讲座、培训等方式来调整教师对数字技术的心理认知，并展示关于利用数字技术开展教学融合的一些教学工具、教学知识等，使之充分感受数字技术对教学的作用，理解数字技术改善教育教学的效果，从而形成将数字技术融入教学过程的内驱性动机；另一方面，小学生的传统学科主要包含语文、数学、英语、音乐、科学和美术等，应鼓励各学科教师将数字技术的方法或技能与具体学科相结合，引导学生掌握数字科学知识，培养学生数字的获取与识别、数字的存储与管理、数字的加工与处理、数字的发布与交流、数字的创造与创新等能力，尤其是要关注对学生数字意识以及问题解决能力的培养。

2. 鼓励教师开展多元化的综合教学实践

全面提升学生的数字素养的最终目的是培育学生在数字化环境下的发现、分析、探究及解决问题等综合能力，并逐步内化成自身的思维品质。课堂的学习时间是有限的，为了给学生创造更多提升自身数字素养的机会，教师应结合教学实际，变革传统教学方法，探索基于数字技术与学科课程融合的研究型、项目化、合作式学习等多元化的综合教学实践活动。例如，采用任务驱动的教学方式，鼓励小学生进行自主探究，并在问题的求解过程中锻炼独立思考以及在数字化环境下解决问题的能力；采用小组协作的教学活动，让小学生以小组的形式进行沟通交流，提升小学生的网络沟通及合作意识等；采用基于项目的教学实践活动，通过组织或举办网站制作、动画制作、机器人编程等活动，提升小学生使用数字技术工具的能力，并引导小学生完成作品的创造，积极分析学习的成果。此外，鼓励数字技术教师与其他学科教师开展协作，分享数字技术在教学中的实施原则，共同探索有效的数字技术与课程整合的模式与方法；鼓励教师观察其他教师如何使用数字技术，突出教学内容中的重难点，让小学生在学习学科内容的过程中能潜移默化地掌握数字技术相关知识与技能，提升他们的数字素养能力。

3. 提升教师队伍数字素养

学生数字素养的高低取决于教师数字素养的高低，比如学生专业关注度低、获取数字的方法单一、数字技术应用能力弱、信息意识不强等都暴露出教师的数字素养低，所以要提高学生的数字素养，首先要提高教师的数字素养。要加强教师数字素养方面的培训，可让专业教师定期参加相关专业的培训，时刻掌握专业发展动向和最新方向；参加数字检索技能培训、数字技术应用能力培训以及数字安全培训，全面提升教师的数字素养。其次教师要能把数字素养的内容融入课程中，如教师在开展教学活动时，可以让学生多利用手机或电脑查找资料，团队合作制作PPT或方案、拍摄制作微视频等；教师针对抄袭的作业可以以此为案例进行数字知识安全的合理应用；针对查找的结果不准确的情况，教师可以教授相应的检索数字的方法或介绍一些网站让学生学习、关注，让学生无论在哪个课堂中都能学习数字素养方面的知识和技能。

（四）从家庭层面

1. 家长应在理念上重视学生数字素养的培养

家庭教育是学校教育的基础，也是学校教育的重要补充。家长是儿童教育的启蒙者，也是对儿童成长及发展影响最为深远的人。因此，家庭教育是小学生数字素养培养中不容忽视的一个方面。人们的行为往往取决于他们所秉持的理念，在家庭教育中，如何有效培养子女的数字素养，与家长的教育理念密切相关。家长要转变教育理念，高度重视自身对孩子的学习、成长以及未来发展的重要影响，摒弃孩子的教育都靠学校和教师，而家长只负责孩子的养育这一依赖思想。相关研究表明，那些受教育程度较低，家庭经济状况较差的家长教育理念仍然相对落后，大部分家庭的家长对数字公民、数字素养并没有概念，在他们的理念中，孩子教育的好坏主要体现在成绩单上[176]。本研究发现，“常规应用者”与“消极应用者”类型的家长，受教育程度普遍较低，大部分家长只具备高中及以下学历。因此，此部分家长，应改变传统的教育观念，要意识到数字素养对孩子的成长及未来发展的重要作用。

2. 家长应树立正确的数字技术观念

根据班杜拉的社会学习理论，个体数字素养的发展是个体与环境相互交互的结果。父母是孩子的启蒙老师，而子女一般都会将父母视为榜样进行模仿。因此，家长首先要树立正确的数字技术观念。有研究表明，学生在家的数字环境非常重要，对于在家被允许使用计算机或互联网的孩子，他们在数字获取方面的意识与能力相对较强，能对数字做出较为科学、合理的判断[183]。因此，针对那些“常规应用者”或“消极应用者”类型的家长，应首先转变对数字技术的态度，认识到数字技术是人们日常生活与工作的常用工具和手段，正确看待互联网、计算机给日常生活带来的益处，适度让孩子居家使用网络、计算机，向子女传达正确的使用计算机、互联网的价值观念。其次，家长自身要养成良好的使用数字技术的习惯与行为。孩子在成长过程中，会有意或无意模仿父母的行为，逐渐形成与父母一致或类似的风格。因此，在日常生活中，父母要以身作则，注意培养自身科学、合理地使用数字技术设备如计算机、手机或平板等的一些习惯与行为，为子女树立良好的榜样，引导孩子养成良好使用数字技术设备的习惯。

3. 家长应为孩子的学习提供数字技术支持

根据本研究的调研发现，大部分家庭的数字技术基础设备已较为完善，但部分家庭，尤其是“消极应用者”类型的家庭，还有近10%未接入互联网。拥有数字技术设备是开展数字技术活动的前提条件，因此，该类型家庭的家长应积极为孩子的学习、生活提供必要的网络及设备环境；同时，在ICT基础条件具备的条件下，家长应高度参与子女的学习过程，做好对子女数字技术使用方面的大力支持。第一，家长应将网络道德规范告知小学生，帮助其树立良好的网络道德行为规范。同时，当孩子在学习过程中遇到问题，家长应及时与孩子进行沟通交流，并提供及时的辅导与帮助。第二，家长可以根据实际情况，了解孩子的真实需要，与子女协商制定数字技术设备如手机、平板等的使用规则。尤其是针对小学生，其自制力及自控力还有待进一步加强，家长要制定明确的使用规则，并适当介入其数字技术设备的使用。相关研究表明，当学生在使用数字技术时，家长适当介入并与其子女协商制定互联网使用规则，可有效避免网络成瘾的发生。第三，家长要积极与学校教师进行互动交流，充分利用各种家校合作的数字平台，如网络学习空间、微信、QQ等，关注并及时回应学校或教师发布的相关数字，从而在充分了解孩子在校行为表现的基础上来进一步调整家庭教育策略。

4. 与教师协同促进学生数字素养的提升

家庭教育是学校教育的重要补充，良好的家校关系有助于推动家长教育观念和方法的更新，从而更好地为学生数字素养的培养提供支持和帮助。首先，学校可定期组织活动，增加家长与家长之间、家长与学校之间的交流机会。学校应向家长普及关于数字素养的含义，帮助家长确定和理解他们在培养孩子的数字素养方面的作用，消除家长对小学生数字素养教育存在的疑虑。其次，提升家长的数字技术自我效能感。已有研究表明当子女在家使用数字技术完成相关任务时，父母更容易成为他们寻求帮助的对象，父母的数字技术自我效能感对其子女的数字素养具有重要影响。因此，应对家长的数字技术应用能力提升方面提供干预策略。比如学校可组织一些讲座、研讨会活动，为家长提供一些计算机或软件应用的基本技能培训，鼓励那些“消极应用者”类别的家长参与，向家长传递关于软件使用、数字技术方面的知识，扩展和提高家长使用数字技术的知识和经验。最后，给予家长关于如何支持、引导其子女使用数字技术的相关建议。由于大部分家长缺乏数字技术应用技能与知识，并不清楚如何参与或为其孩子利用数字技术开展学习提供适当的帮助。因此，学校或教师应发挥主导作用，给予那些“常规应用者”和“消极应用者”的家长群体对如何支持与引导其子女在家使用数字技术的相关建议。一方面，学校可组织面对面的分享交流会，或在网络平台上邀请“活跃应用者”类别的家长分享如何参与孩子利用数字技术开展在家的学习或生活。比如如何制定合理的规则，协商使用计算机或其他电子产品的时间，避免孩子沉溺网络，培养科学的上网时间管理制度。另一方面，鼓励家长与孩子共同参与网络学习活动，在共同学习的过程中，家长要引导孩子在上网过程中做好隐私保护，遵守网络道德规范，引导孩子形成健康的上网意识与态度。

五、未来研究展望

数字素养作为数字时代学生个体必备的品格，已得到了国家层面的高度重视。2020年12月，我国教育部印发了《中国教育监测与评价统计指标体系（2020年版）》[17]，各级各类学生数字素养达标率被纳入统计指标体系中。小学作为义务教育阶段的开端，从小学开始监测评估学生数字素养水平，加强对学生数字素养的培育极其重要。本书正是在这样的教育政策背景下开展研究，构建了一套小学生数字素养评价指标体系，并设计了一套测评工具，选定部分省市开展小学四、五年级学生数字素养的评价实践，调查学生数字素养的表现特征。在此基础上，从投入、过程及产出的视角分析不同学校在学校及教师层面因素对学生数字素养的影响，并以家长个体为中心探究家长数字技术使用与学生数字素养的关系。然而，在未来的研究中我们仍需从以下几个方面关注小学生数字素养的测评研究。

1. 开发基于在线复杂情境任务的学生数字素养测评工具

在本研究中，开发了适用于大规模的小学生数字素养测评题目，较多采用单项选择题，少量涉及量表题。然而，伴随着人工智能时代的到来，教育评价的方式将发生重大变革，开发在线复杂情境任务的测评题目，探索以学生线上反应的过程性数据，已成为一种新的教育评价趋势。例如，在ICILS2018的测评中，采用基于数字应答的任务、模拟真实情境的任务及基于游戏的任务来评价学生的计算思维及数字技术应用意识与技能等。数字素养是与外在社会数字环境进行交互且不断提升的，通过在线复杂情境任务的方式来考察学生数字素养水平，探究学生在线的过程性行为数据，可以作为本研究开发设计的小学生数字素养测评工具的重要补充。

2. 设计小学生数字素养不同水平的表现标准

在当前教育改革的背景下，评价学生数字素养已得到世界各国学生测评项目的重点关注。比如SAILS、TRAILS、ICILS、TIMSS、PISA等。这些测评项目对于学生的素养或能力不同水平的表现标准进行了细致的刻画。学生数字素养的表现标准是评价学生数字素养水平高低的重要标尺，为学校、教师、家长及各教育管理部门了解学生数字素养提供重要依据。在本研究中，采用百分位等级的数据特征初步刻画了学生不同数字素养水平的表现特性。在未来研究中，首先，要基于数据聚类特征来探究学生数字素养的表现标准。其次，采用专家法，如Angof、bookmark等方法从主观层面来制定一套学生数字素养的表现标准。最后，比较两种不同方法制定的表现标准在学生数字素养评价结果上的差异，并综合两种评价方法，扩大小学生数字素养的调研范围，尝试构建小学生数字素养的常模。

3. 开展小学生数字素养的增值性评价

增值性评价是一种发展性的教育评价模式，旨在通过采用追踪研究设计，收集学生在某一段时间内不同时间点的学业成就的增值情况，进而实现对学校或教师效能较为科学、客观的评价[184]。近年来，随着教育评价的改革，增值性评价成为教育研究者们关注的重点。《深化新时代教育评价改革总体方案》提出要在教育评价改革实践中积极探索“增值性评价”[185]。与传统的依靠单次终结性学业成就为依据的横向比较评价模式相比，增值性评价更关注学生在学业成就上的变化，并在一定范围内控制其他因素对学生学业成就的影响（如学生的原有成绩水平、人口学因素、家庭背景以及学校周围地区的经济发展水平等），从而使评价结果更具可比性与公平性。因此，在未来的研究中，学生数字素养的评价将融合增值性评价理念，采集某一地区学生数字素养的时序数据，对学生数字素养的发展趋势进行预测。

4. 关注不同教学模式/教学策略对学生数字素养的培育与提升

作为中小学生，数字技术课堂教学是提升其数字素养水平的重要途径。在课堂教学中，如何创新教学模式，设计教学策略促进学生数字素养的提升是当前数字技术课堂教学关注的重点。在未来的研究中，可基于本研究设计的小学生数字素养评价指标体系及开发的测评工具，在了解学生数字素养水平现状的基础上，采用准实验研究方法选取部分实验学校和实验班级开展任务驱动教学、小组协作交流、翻转课堂教学等不同教学模式对学生数字素养进行提升，并形成典型案例进行深度剖析，以期为中小学生数字素养的培育与提升提供参考。

附录 1

小学生数字素养评价指标主观权重调查问卷

尊敬的专家，您好！

为确定小学生数字素养评价指标的权重，请您对问卷中提到的两个指标的相对重要性加以比较，并在相应的位置画“√”。

第一部分　个人基本数字

1. 您的姓名________________

2. 您的工作单位________________

3. 您的工作年限________________

4. 您目前的职称________________

5. 您的最高学历________________

第二部分　评价指标的重要性调研

在小学生数字素养的一级指标中，您认为以下两个指标前一个比后一个：

一级指标	极其重要	强烈重要	明显重要	稍微重要	同等重要	稍微不重要	明显不重要	强烈不重要	极其不重要
数字意识与态度 / 数字知识与技能									
数字意识与态度 / 数字思维与行为									
数字意识与态度 / 数字社会责任									
数字知识与技能 / 数字思维与行为									
数字知识与技能 / 数字社会责任									
数字思维与行为 / 数字社会责任									

在数字意识与态度的二级指标中，您认为以下两个指标前一个比后一个：

二级指标	极其重要	强烈重要	明显重要	稍微重要	同等重要	稍微不重要	明显不重要	强烈不重要	极其不重要
数字感知意识/数字应用意识									
数字感知意识/数字安全意识									
数字应用意识/数字安全意识									

在数字知识与技能的二级指标中，您认为以下两个指标前一个比后一个：

二级指标	极其重要	强烈重要	明显重要	稍微重要	同等重要	稍微不重要	明显不重要	强烈不重要	极其不重要
数字科学知识/数字应用技能									

在数字思维与行为的二级指标中，您认为以下两个指标前一个比后一个：

二级指标	极其重要	强烈重要	明显重要	稍微重要	同等重要	稍微不重要	明显不重要	强烈不重要	极其不重要
数字思维/数字行为									

在数字社会责任的二级指标中，您认为以下两个指标前一个比后一个：

二级指标	极其重要	强烈重要	明显重要	稍微重要	同等重要	稍微不重要	明显不重要	强烈不重要	极其不重要
数字道德伦理/数字法律法规									

阅卷结束，感谢您的支持与配合！

附录2

小学生数字素养评价指标体系认同度调查问卷

各位专家，您好！

这是一份关于小学生数字素养评价指标体系认同度的调查问卷。问卷一共包括两个部分，第一部分是专家基本情况，第二部分是小学生数字素养评价指标及权重设置的咨询问卷，请根据您的思考与判断进行作答，感谢您的支持！

第一部分　专家基本情况调查表

请填写您的基本数字，请在方框内画“√”。

1. 性别：□男　　□女

2. 学历：□本科　　□硕士　　□ 博士

3. 工作单位：□普通高校　　□科研院所　　□中小学校　　□其他

4. 年龄：□30岁以下　　□31～40岁　　□41～50岁　　□51岁以上

5. 职称：□教授/正高级　□副教授/副高级　□讲师/中级　□其他

第二部分　小学生数字素养评价指标及权重设置咨询问卷

您是否认同以下小学生数字素养评价的一级指标？认同度选项：1. 非常不认同　2. 比较不认同　3. 不清楚　4.比较认同　5. 非常认同。根据您的认知，请在相应的选项内画“√”。

一级指标	指标解释	认同度选项				
		1	2	3	4	5
数字意识与态度	主要考查个体对数字的敏感度和对数字价值的判断力。能根据问题需求，有意识地利用数字技术解决问题，认识到个人数字及隐私保护的重要性。具体包含数字感知意识、数字应用意识和数字安全意识					

续表

一级指标	指标解释	认同度选项				
		1	2	3	4	5
数字知识与技能	主要考查小学生对数字科学知识和数字应用技能的理解和掌握程度，如对数字及数字技术的认识，了解学习和生活相关的数字工具和软件使用的方法和知识，能根据自己的需求，利用数字工具和软件开展数字化学习					
数字思维与行为	主要考查小学生是否能有意识地运用技术工具进行独立探究和创新，是否具备解决特定现实问题的思维与意识及应用数字技术辅助学习的行为习惯等。具体包含数字思维和数字行为两个层面					
数字社会责任	主要考查小学生对数字道德与伦理、数字法律与法规的认识与践行水平。如能理解数字技术对人们生活、学习和工作带来的各种影响，能尊重他人隐私，遵照网络法律法规使用互联网并开展数字活动，树立正确的数字社会责任观。具体包含数字道德伦理与数字法律法规两个方面					
您对各一级指标包含的内容及是否增、删一级指标的意见						

您是否认同以下小学生数字素养评价的二级指标？认同度选项：1. 非常不认同 2. 比较不认同 3. 不清楚 4. 比较认同 5. 非常认同。根据您的认知，请在相应的选项内画“√”。

一级指标	二级指标	指标解释	认同度选项				
			1	2	3	4	5
数字意识与态度	数字感知意识	初步理解数字的概念，熟悉不同类型数字的呈现和传递方式；能够针对简单的数字问题，明确数字需求；了解获取数字的多种途径					
	数字应用意识	初步了解数字的作用与价值，具有在数字化环境中开展自主学习、合作学习的兴趣；具有利用数字或数字技术解决自身生活与学习问题的意识					

续表

一级指标	二级指标	指标解释	认同度选项				
			1	2	3	4	5
数字意识与态度	数字安全意识	具有一定的数字安全意识，充分认识个人数字及隐私保护的重要性；具有分辨健康与有害数字的意识，能避免自己去接触网络上的不良与有害数字					
数字知识与技能	数字科学知识	了解常见的数字表达方式与技术；体验数字化学习环境；了解学习资源的获取渠道；了解数字技术的发展进程、基本现状及未来趋势					
	数字应用技能	了解与学习和生活相关的数字工具和软件使用的方法和知识（如文字处理工具、浏览器、搜索引擎工具、网页制作工具、社交与通信软件等）；能结合自身需求，有效地检索、选择、重新组织、加工和整合所需数字；初步利用数字化方式（图片、音视频等）呈现学习成果					
数字思维与行为	数字思维	能抽象并概括数列或图表呈现的共同特性；能使用分步策略描述问题解决的具体步骤；能针对较复杂的生活与学习情境问题设计解决方案					
	数字行为	具有阅读在线文本与图片、音视频、交互式内容等多媒体数字的行为与习惯；具有利用即时通信软件进行社交的行为与习惯；具有利用数字技术进行数字化学习的行为与习惯					
数字社会责任	数字道德伦理	认识数字技术的优势和局限性，了解数字安全风险；具有一定的数字安全常识，管理、保护个人资料，尊重他人隐私					
	数字法律法规	了解知识产权概念，认识知识产权保护的重要意义，尊重他人知识产权；能按照操作规范开展数字活动，自觉遵守网络法律法规					
您对各二级指标应包含的内容以及是否增、删二级指标的意见							

您是否认同以下小学生数字素养评价指标的权重设置？认同度选项：1.非常不认同 2.比较不认同 3.不清楚 4.比较认同 5.非常认同。根据您的认知，请在相应的选项内画“√”。

<table>
<tr><th>一级指标</th><th>一级指标权重</th><th colspan="2">二级指标</th><th colspan="2">二级指标权重</th></tr>
<tr><td rowspan="3">数字意识与态度（C1）</td><td rowspan="3">0.295</td><td colspan="2">数字感知意识（D1）</td><td colspan="2">0.141</td></tr>
<tr><td colspan="2">数字应用意识（D2）</td><td colspan="2">0.078</td></tr>
<tr><td colspan="2">数字安全意识（D3）</td><td colspan="2">0.076</td></tr>
<tr><td rowspan="2">数字知识与技能（C2）</td><td rowspan="2">0.170</td><td colspan="2">数字科学知识（D4）</td><td colspan="2">0.069</td></tr>
<tr><td colspan="2">数字应用技能（D5）</td><td colspan="2">0.101</td></tr>
<tr><td rowspan="2">数字思维与行为（C3）</td><td rowspan="2">0.289</td><td colspan="2">数字思维（D6）</td><td colspan="2">0.209</td></tr>
<tr><td colspan="2">数字行为（D7）</td><td colspan="2">0.08</td></tr>
<tr><td rowspan="2">数字社会责任（C4）</td><td rowspan="2">0.246</td><td colspan="2">数字道德伦理（D8）</td><td colspan="2">0.16</td></tr>
<tr><td colspan="2">数字法律法规（D9）</td><td colspan="2">0.086</td></tr>
<tr><td rowspan="2">—</td><td colspan="5">认同度选项</td></tr>
<tr><td>1</td><td>2</td><td>3</td><td>4</td><td>5</td></tr>
<tr><td colspan="6">用G表示小学生数字素养水平，G=0.295*C1+0.17*C2+0.289*C3+0.246*C4</td></tr>
<tr><td colspan="6">对小学生数字素养的一级、二级测评指标的权重划分，您认为是否合理？若不合理，请说明理由</td></tr>
</table>

附录3

小学生数字素养测试题正式版（部分）

由于目前小学生数字素养测评题库还处于不断建设与发展中，在此仅挑选小学生数字素养各维度部分样例进行展示。

（一）数字意识与态度

1. 下列不属于数字的是（　　）。

A. 上课的铃声

B. 手机短信的内容

C. 电视里播放的猪肉价格涨幅数字

D. 存有视频的手机

参考答案为：D。该题为单选题，回答正确为1分，回答错误为0分。重点考查小学生对数字的感知能力，通过列举日常生活中常见的数字，让小学生区分出数字与数字的载体。

2. 当小明在国外旅游时，需要用英语向别人寻求帮助，但他又不精通英语。他可以借助“有道词典”中的哪个功能向他人寻求帮助呢？（　　）

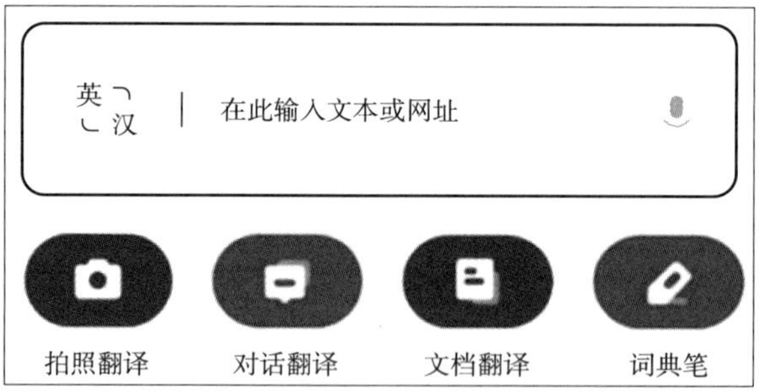

A. 拍照翻译　　B. 对话翻译

C. 文档翻译　　D. 发音指导

参考答案：A。该题为单选题，回答正确为1分，回答错误为0分。重点考查小学生的数字应用意识，通过描绘恰当的现实生活情景，判断小学生在日常生活中是否具有主动应用数字或数字技术的意识。

3. 如果收到“微信团队”的安全提示：“您的微信账号在16：46尝试在另一个设备登录。登录设备：XX品牌XX型号”，你应该怎么做？（　　）

A. 有可能是误报，不用理睬

B. 确认是不是自己的设备登录，如果不是，就尽快修改密码

C. 自己的密码足够复杂，不可能被破解，坚决不修改密码

D. 拨打110报警，让警察来解决

参考答案：B。该题为单选题，回答正确为1分，回答错误为0分。重点考查小学生的数字安全意识，通过呈现日常生活中使用数字技术软件或工具易遇到的一些安全问题，判断小学生是否具备一定的数字安全观念。

（二）数字知识与技能

1. 每一辆汽车都对应着一个独一无二的车牌号码。给汽车确定车牌号码的行为属于（　　）。

A. 数字采集

B. 数字加工

C. 数字编码

D. 数字发布

参考答案：C。该题为单选题，回答正确为1分，回答错误为0分。重点考查小学生对常见的数字表达方式和技术的了解与掌握程度。通过结合日常生活中的案例，评价小学生对数字编码知识以及其应用场景的认知程度。

2. 下面是word电子文档窗口的状态栏。当你想加粗文字时，会选择下列哪个按钮？（　　）

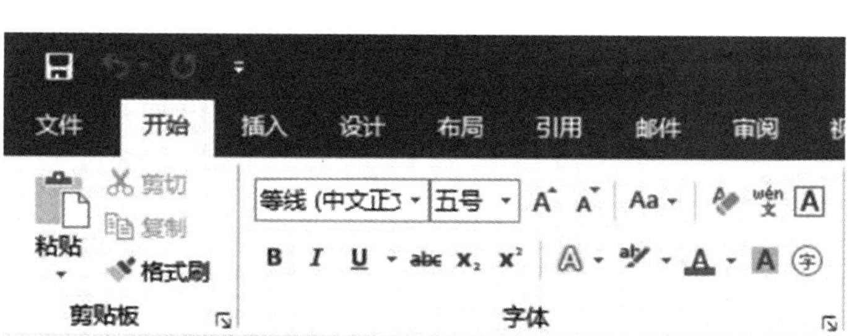

A. 

B. 

C. 

D. 

参考答案：C。该题为单选题，回答正确为1分，回答错误为0分。主要考查小学生对数字技术工具或软件的知识与方法的掌握程度。结合小学生在数字技术课程中学习的相关知识，考查小学生在word中对文字进行编辑或处理的技能。

（三）数字思维与行为

1. 上课铃声响了，陈老师在电子屏幕上展示了一幅不按比例画的动物园馆舍分布示意图（如下图所示）。请你从下列选项中选择一条从大门口去熊猫馆的最短路径（　　）。

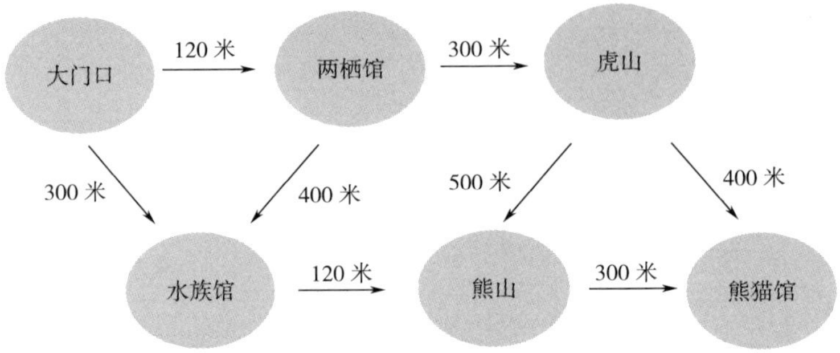

A. 大门口—>两栖馆—>虎山—>熊猫馆

B. 大门口—>两栖馆—>水族馆—>熊山

C. 大门口—>水族馆—>熊山—>熊猫馆

D. 大门口—>两栖馆—>虎山—>熊山—>熊猫馆

参考答案：C。该题为单选题，回答正确为1分，回答错误为0分。重点考查小学生是否具备利用数字技术解决特定的现实问题的思维与意识。通过呈现日常生活中路线方案选择情景，判断小学生是否能针对较复杂的问题设计解决方案。

2. 你每天利用手机、电脑、平板等电子设备进行课外学习（如网络课程学习、英语听力训练、完成网络作业等）的时长约为（　　）。

A. 30分钟以内　　B. 30到60分钟

C. 1到2小时　　D. 2小时以上

该题为量表题，无参考答案。主要了解小学生日常生活中应用数字技术开展数字化学习的行为与习惯等。

3. 居家学习网络课程期间，当你的作业遇到了困难时，你会（　　）。

A. 请教老师　　　　B. 与同学讨论

C. 自己思索　　　　D. 在互联网上搜索相关资源自主学习

该题为量表题，无参考答案。主要了解小学生利用数字技术解决学习中所遇到问题的行为习惯等。

（四）数字社会责任

1. 下列说法正确的是（　　）。

A. 在网上聊天，因为对方不知自己的真实姓名，可以随意攻击他人

B. 我要是能制作几个病毒该多好，说明我很厉害

C. 现在的盗版软件很好用，又可以省很多的钱

D. 网上的数字很丰富，我们要仔细辨别，不去浏览不健康和有害的网站

参考答案：D。该题为单选题，回答正确为1分，回答错误为0分。主要考查小学生在数字化生活环境中是否遵守并践行一定的数字道德伦理规范。

2. 刘某为了提高个人在网络上的知名度，编造居民用天然气要大幅涨价的数字并利用网络传播，导致出现抢购天然气的现象，影响社会稳定。他的这种行为属于（　　）。

A. 违法行为　　　　B. 违纪行为

C. 个人兴趣爱好　　　　D. 网络言论自由

参考答案：A。该题为单选题，回答正确为1分，回答错误为0分。主要考查小学生是否具备数字化环境下生活的法律法规常识，是否能遵照网络法律法规开展数字活动。

参考文献

[1] United Nations Educational, Scientific, and Cultural Organization.THE PRAGUE DECLARATION "TOWARDS AN INFORMATION LITERATE SOCIETY" [EB/OL]. http://www.unesco.org/new/fileadmin/MULTIMEDIA/HQ/CI/CI/pdf/PragueDeclaration.pdf.

[2] American Library Association. Presidential Committee on Information Literacy: Final Report[EB/OL]. http://www.ala.org/acrl/publications/whitepapers/presidential.

[3] The CEO Forum on Education & Technology. Education Technology Must Be Included in Comprehensive Education Legislation [EB/OL]. https://maney.us/educ633/CEOForumreport3.pdf.

[4] 吴砥，余丽芹，饶景阳，等. 大规模长周期在线教学对师生数字素养的挑战与提升策略[J]. 电化教育研究，2020，41（05）：12-17，26.

[5] Association for Computing Machinery. K-12 Computer Science Framework [EB/OL]. https://k12cs.org/wp-content/uploads/2016/09/K%E2%80%9312-Computer-Science-Framework.pdf.

[6] German Federal Government. Digitale Agenda als PDF-Datei (English) [EB/OL]. http://www.digitale-agenda.de/Webs/DA/DE/Home/ home_node.html.

[7] Publications of the Ministry of Education. Information Society Programme for Education, Training and Research 2004-2006 [EB/OL]. https://julkaisut.valtioneuvosto.fi/bitstream/handle/10024/80395/opm14.pdf?sequence=1.

[8] Kent State University. Project SAILS Background [EB/OL]. https://www.projectsails.org/site/background/.

[9] Australian Curriculum, Assessment and Reporting Authority. National Assessment Program-ICT Literacy Years 6 & 10: Assessment Framework 2014 [EB/OL]. https://www.nap.edu.au/_resources/NAP-ICT_Assessment_Framework_2014.pdf.

[10] 中华人民共和国教育部. 普通高中技术课程标准（实验）[EB/OL].http://www.moe.gov.cn/srcsite/A26/s8001/200303/W020200401347866440936.pdf.

[11] 国家中长期教育改革和发展规划纲要工作小组办公室. 国家中长期教育改革和发展规划纲要（2010—2020年）[EB/OL]. http://www.moe.gov.cn/srcsite/A01/s7048/201007/t20100729_171904.html.

[12] 中华人民共和国教育部. 教育部关于印发《教育信息化十年发展规划（2011—2020年）》的通知[EB/OL]. http://old. moe.gov. cn/publicfiles/business/htmlfiles/moe/s3342/201203/133322.html.

[13] 段青.《基础教育信息技术课程标准（2012版）》义务教育阶段基础模块内容标准解读[J]. 中国电化教育，2012（10）：28-32.

[14] 中华人民共和国教育部. 教育部关于印发《教育数字化2.0行动计划》的通知[EB/OL]. http：//www.moe.gov.cn/srcsite/A16/s3342/201804/t20180425_334188.html.

[15] 教育部办公厅. 教育部办公厅关于印发《2019年教育信息化和网络安全工作要点》的通知[EB/OL].http：//www.moe.gov.cn/srcsite/A16/s3342/201903/t20190312_373147.html.

[16] 中华人民共和国教育部. 教育部印发《2020年教育信息化和网络安全工作要点》[EB/OL]. http：//www.edu.cn/xxh/focus/rd_xin_wen/202003/t20200303_1714814.shtml.

[17] 中华人民共和国教育部. 教育部关于印发《中国教育监测与评价统计指标体系（2020年版）》的通知[EB/OL].http：//www.moe.gov.cn/srcsite/A03/s182/202101/t20210113_509619.html.

[18] Oxford English Dictionary on line. The definition of literacy [EB/OL]. https：//www.lexico.com/en/definition/literacy.

[19] Organisation for Economic Co-operation and Development. The PISA2003 assessment framework mathematics，reading，science and problem-solving knowledge and skills [EB/OL]. https：//www.oecd-ilibrary.org/docserver/9789264101739-en.pdf?expires=1616840635&id=id&accname=guest&checksum=DDCF242824650A236D417DE1471E4FFE.

[20] Horton Jr F W. Information literacy vs. computer literacy[J]. Bulletin of the American Society for Information Science，1983，9（4）：14-16.

[21] Lee A Y L. Media education：Definitions，approaches and development around the globe[J]. New horizons in education，2010，58（3）：1-13.

[22] Ministerial Council on Education，Employment，Training and Youth Affairs（2005）. National assessment program information and communication technology literacy 2005，years 6 and 10：An assessment domain for ICT literacy[EB/OL]. https：//www.nap.edu.au/_resou rces/2005_ICTL_Technical_Report_file_main.pdf.

[23] Ferrari A. DIGCOMP：A framework for developing and understanding digital competence in Europe[EB/OL]. https：//op.europa.eu/en/publication-detail/-/publication/a410aad4-10bf-4d25-8c5a-8646fe4101f1/language-en.

[24] Zurkowski P G. The information service environment relationships and priorities. Related Paper No.5.[R]. Washington，DC：National Commission on Libraries and Information Science，1974.

[25] UNESCO，NCLIS. The prague declaration towards an information literacy Society [EB/OL]. http：//portal.unesco.org/ci/en/ev.php-URL_ID=19636&URL_DO=DO_TOPIC&URL_SECTION=201.html.

[26] UNESCO，Media and information literacy：policy and strategy guidelines [EB/OL]. http：//www.unesco.org/new/en/communication-and-information/resources/publications-and-communication-materials/publications/full-list/media-and-information-literacy-policy-and-strategy-guidelines/.

[27] OECD. PISA 2021 ICT Framework [EB/OL]. http：//www.oecd.org/pisa/sitedocument/PISA-

2021-ICT-framework.pdf.

[28] Julian Fraillon, John Ainley, et al. ICILS 2018 Assessment Framework | IEA[EB/OL]. https：//www.iea.nl/publications/assessment-framework/icils-2018-assessment-framework.

[29] 朱莎，吴砥，石映辉，等. 学生数字素养评估国际比较及启示[J]. 中国电化教育，2017（09）：25-32.

[30] Council of Australian University Librarians. Information literacy standard [EB/OL]. http：//www.ala.org/acrl/standards/ilframework.

[31] Australian and New Zealand Institute for Information Literacy. Australian and New Zealand Information Literacy Framework [EB/OL]. http：//www.caul.edu.au/content/upload/files/info-literacy/InfoLiteracyFramework.pdf.

[32] AASL. Standards for the 21st-Century Learner[EB/OL]. https：//studentsatthecenterhub.org/resource/american-association-of-school-librarians-standards-for-the-21st-century-learner/.

[33] UNESCO. Towards Media And Information Literacy Indicators[EB/OL]. http：//www.unesco.org/fileadmin/MULTIMEDIA/HQ/CI/CI/pdf/unesco_mil_indicators_background_document_2011_final_en.pdf.

[34] ACRL. Information Literacy Competency Standards for Higher Education[EB/OL]. http：//www.ala.org/acrl/sites/ala.org.acrl/files/content/standards/standards.pdf.

[35] UNESCO. Global Media and Information Literacy Assessment Framework[EB/OL]. http：//unesdoc.unesco.org/images/0022/002246/224655e.pdf.

[36] Foo S, Majid S, Chang Y K. Assessing information literacy skills among young information age students in Singapore[J]. Aslib Journal of Information Management, 2017, 69（3）：335-353.

[37] UNESCO. Towards Media and Information Literacy Indicators[EB/OL]. http：//www.unesco.org/fileadmin/MULTIMEDIA/HQ/CI/CI/pdf/unesco_mil_indicators_background_document_2011_final_en.pdf.

[38] Adrien Lorenceau, CamilleMarec, et al. Upgrading the ICT questionnaire items in PISA2021 [EB/OL]. https://www.oecd-ilibrary.org/docserver/dOf94dc7-en.pdf?expires=1597226533&id=id&accname=guest&checksum=B848F8BA3CEE01900F356C40E7C36A88.

[39] Kim H S, Ahn S H, Kim C M. A new ICT literacy test for elementary and middle school students in Republic of Korea[J]. The Asia-Pacific Education Researcher, 2019, 28（3）：203-212.

[40] 教育部高校图工委数字素质教育工作组. 中国高校数字素质教育指标体系（讨论稿）[EB/OL]. http：//www.docin.com/p-844812404.html.

[41] 陈文勇，杨晓光. 高等院校学生数字素质能力标准研究[J]. 情报科学，2000,（7）：611-613.

[42] 陈延寿. 大学生数字素质评价标准研究[J]. 大学图书情报学刊，2006,（03）：82-84.

[43] 张晓寒. 数字技术背景下职业院校学生数字素养：逻辑、内涵及培育策略[J]. 职业技术教育，2020，41（10）：31-36.
[44] 李毅，何莎薇，邱兰欢.教育数字化2.0时代下师范生数字素养评价指标体系研究[J]. 中国电化教育，2020（06）：104-111.
[45] 石映辉，彭常玲，吴砥，等. 中小学生数字素养评价指标体系研究[J]. 中国电化教育，2018（08）：73-77，93.
[46] 曾晓牧，孙平，王梦丽，等. 北京地区高校数字素质能力指标体系研究[J]. 大学图书馆学报，2006（03）：64-67.
[47] 周美芳. 高校学生数字素养评价指标体系及其实证研究[D]. 黑龙江大学，2013.
[48] 张铁墨，倪妍. 模糊综合评价在初中学生数字素养评价中的应用[J]. 宁波大学学报（理工版），2009（04）：597-600.
[49] 彭瑞霞，赵庆刚.以回归分析法构建教师数字素养评价体系[J].清华大学教育研究，2006（03）：114-118.
[50] 阎国栋. 基于AHP&DEA方法的高职院校教师信息素养评价研究[J]. 长沙民政职业技术学院学报，2015（01）：105-107.
[51] 李永先，顾琳，栾旭伦，等. Web2.0环境下高校图书馆数字素养平台模型的构建[J].图书馆学刊，2009，31（08）：94-96.
[52] 董薇，姜宇飞，张明昊.基于灰色多层次评价模型的数据素养能力评价研究[J].图书馆学刊，2017，39（11）：22-29.
[53] Center for Assessment and Research Studies. 2014. Information Literacy Test（ILT）[Online]. Boulder，CO：Madison Assessment[EB/OL]. http：//www.madisonassessment.com/assessmenttesting/information-literacy-test.
[54] Zylka J，Christoph G，Kroehne U，et al. Moving beyond cognitive elements of ICT literacy：First evidence on the structure of ICT engagement[J]. Computers in Human Behavior，2015，53：149-160.
[55] Krampen G. Combining self-assessments and achievement tests in information literacy assessment：empirical results and recommendations for practice[J]. Assessment & Evaluation in Higher Education，2015，40（5）：740-754.
[56] Rodríguez-de-Dios I，Igartua J J，González-Vázquez A. Development and validation of a digital literacy scale for teenagers[C]. Proceedings of the fourth international conference on technological ecosystems for enhancing multiculturality，2016：1067-1072.
[57] Siddiq F，Hatlevik O E，Olsen R V，et al. Taking a future perspective by learning from the past-A systematic review of assessment instruments that aim to measure primary and secondary school students' ICT literacy[J]. Educational Research Review，2016，19：58-84.
[58] Rohatgi A，Scherer R，Hatlevik O E. The role of ICT self-efficacy for students' ICT use and their

achievement in a computer and information literacy test[J]. Computers & Education，2016，（102）：103–116.

[59] Australian Curriculum and Reporting Authority（ACARA）. Information and communication technology（ICT）capability. Sydney：Australian Curriculum and Reporting Authority（ACARA）[EB/OL]. http：//v7–5.australiancurriculum.edu.au/GeneralCapabilities/Pdf/ICT.

[60] Aesaert K，Nijlen D V. Direct measures of digital information processing and communication skills in primary education：Using item response theory for the development and validation of an ICT competence scale[J]. Computers & Education，2014，76（76）：168–181.

[61] Huggins A C，Ritzhaupt A D，Dawson K. Measuring Information and Communication Technology Literacy using a performance assessment：Validation of the Student Tool for Technology Literacy [J]. Computers & Education，2014，77（2）：1–12.

[62] Bond H. Multicultural Competency Building Portfolio[J]. International Journal of Education（IJE），2019，4（01）：1–11.

[63] 吴晓伟，娜日，李丹. 大学生网络数字素养能力量表设计研究[J]. 情报理论与实践，2009（12）：88–92.

[64] 吴吟. 媒介数字素养测评量表的建立与应用探索——以浙江省青少年（学生）为例[J]. 北京教育学院学报（自然科学版），2016，11（03）：60–68.

[65] 张辉蓉，杨欣，李美仪，等. 初中生数字技术素养测评模型构建研究[J]. 中国电化教育，2017（09）：33–38.

[66] 王海燕，付丽萍. 西北地区中小学生数字素养现状的调查分析[J]. 中国电化教育，2006（7）：35–38.

[67] 朱莎，石映辉，蒋龙艳，等. 中学生数字素养水平评估工具的开发与应用研究[J]. 中国电化教育，2018（08）：78–85.

[68] 汤罡辉，倪莉，张红，等. 高校学生的数字素养测试实验——以中山大学为例[J]. 图书馆，2012（04）：63–65，72.

[69] Kim H S，Kil H J，Shin A. An analysis of variables affecting the ICT literacy level of Korean elementary school students[J]. Computers & Education，2014，77：29–38.

[70] Zhong Z J. From access to usage：The divide of self–reported digital skills among adolescents[J]. Computers & Education，2011，56（3）：736–746.

[71] Lorenz R，Eickelmann B，Gerick J. What affects students' computer and information literacy around the world?–An analysis of school and teacher factors in high performing countries[C]. Society for Information Technology & Teacher Education International Conference. Association for the Advancement of Computing in Education（AACE），2015：1212–1219.

[72] 李健，范凤霞.城乡数字鸿沟测度指标体系研究[J].现代情报，2014，34（08）：37–41.

[73] Hohlfeld T N，Ritzhaupt A D，Barron A E，et al. Examining the digital divide in K–12 public

schools: Four-year trends for supporting ICT literacy in Florida[J]. Computers & Education, 2008, 51 (4): 1648-1663.

[74] Liao C H, Chang H S. Explore the influences to Taiwan students' information literacy with the Urban-rural differences from the perspective of globalization[J]. Procedia-Social and Behavioral Sciences, 2010, 2 (2): 3866-3870.

[75] Liao P A, Chang H H, Wang J H, et al. What are the determinants of rural-urban digital inequality among schoolchildren in Taiwan? Insights from Blinder-Oaxaca decomposition[J]. Computers & Education, 2016, 95: 123-133.

[76] Li Y, Ranieri M. Educational and social correlates of the digital divide for rural and urban children: A study on primary school students in a provincial city of China[J]. Computers & Education, 2013, 60 (1): 197-209.

[77] Lu C, Tsai C C, Wu D. The role of ICT infrastructure in its application to classrooms: A large scale survey for middle and primary schools in China[J]. Journal of Educational Technology & Society, 2015, 18 (2): 249-261.

[78] 张屹，刘晓莉，范福兰，等. 中小学教师数字技术应用水平影响因素分析——基于X省14个市的实证分析[J]. 现代教育技术，2015，25（06）：44-50.

[79] Aesaert K, Vanderlinde R, Tondeur J, et al. The contribution of pupil, classroom and school level characteristics to primary school pupils' ICT competences[J]. Computers & Education, 2015, 87 (C): 55-69.

[80] Zhu S, Yang H H, MacLeod J, et al. Investigating teenage students' information literacy in China: A social cognitive theory perspective[J]. The Asia-Pacific Education Researcher, 2019, 28 (3): 251-263.

[81] Eickelmann B. Supportive and hindering factors to a sustainable implementation of ICT in schools[J]. Journal for educational research online, 2011, 3 (1): 75-103.

[82] Sang G, Valcke M, Van Braak J, et al. Predicting ICT integration into classroom teaching in Chinese primary schools: exploring the complex interplay of teacher - related variables[J]. Journal of Computer Assisted Learning, 2011, 27 (2): 160-172.

[83] Govender D, Govender I. The relationship between information and communications technology (ICT) integration and teachers' self-efficacy beliefs about ICT[J]. Education as Change, 2009, 13 (1): 153-165.

[84] Tondeur J, Valcke M, Van Braak J. A multidimensional approach to determinants of computer use in primary education: Teacher and school characteristics[J]. Journal of Computer Assisted Learning, 2008, 24 (6): 494-506.

[85] O'Dwyer L M, Russell M, Bebell D. Identifying teacher, school, and district characteristics associated with middle and high school teachers' use of technology: A multilevel perspective[J].

Journal of educational computing research, 2005, 33 (4): 369-393.

[86] Van Braak J, Tondeur J, Valcke M. Explaining different types of computer use among primary school teachers[J]. European Journal of Psychology of Education, 2004, 19 (4): 407.

[87] Scherer R, Siddiq F, Teo T. Becoming more specific: Measuring and modeling teachers' perceived usefulness of ICT in the context of teaching and learning[J]. Computers & Education, 2015, 88: 202-214.

[88] Baş G, Kubiatko M, Sünbül A M. Teachers' perceptions towards ICTs in teaching-learning process: Scale validity and reliability study[J]. Computers in Human Behavior, 2016, 61: 176-185.

[89] Schulz-Zander R, Eickelmann B. Teacher collaboration concerning ICT-use and its essential conditions[C]. Proceedings-9th WCCE. IFIP World Conference on Computers in Education. Bento Goncalves, Brazil, 2009: 27-31.

[90] Krumsvik R. ICT and community of practice[J]. Scandinavian Journal of Educational Research, 2005, 49 (1): 27-50.

[91] Eickelman B. Factors contributing to a sustainable implementation of digital media in schools and classrooms-Empirical analyses and some consequences for teacher education[C]. Society for Information Technology & Teacher Education International Conference. Association for the Advancement of Computing in Education (AACE), 2010: 1421-1428.

[92] Yang J H. Effects of high school ICT activities on students' digital literacy in Korea[J]. Journal of Educational Technology, 2012, 28 (2): 347-369.

[93] Ainley J, Fraillon J, Freeman C. National Assessment Program ICT Literacy Years 6 and 10 Report 2005 [EB/OL]. http: //files.eric.ed.gov/fulltext/ED530360.pdf.

[94] Aesaert K, Braak J V. Gender and socioeconomic related differences in performance based ICT competences[J]. Computers & Education, 2015, 84: 8-25.

[95] Jang J, Dworkin J, Hessel H. Mothers' use of information and communication technologies for information seeking[J]. Cyberpsychology, Behavior, and Social Networking, 2015, 18 (4): 221-227.

[96] Rudi J, Dworkin J, Walker S, et al. Parents' use of information and communications technologies for family communication: Differences by age of children. Information Communication & Society, 2015, 18 (1): 78-93.

[97] Radey M, Randolph K A. Parenting sources: How do parents differ in their efforts to learn about parenting?[J]. Family Relations, 2009, 58 (5): 536-548.

[98] Vandewater E A, Park S E, Huang X, et al. "No—you can't watch that" Parental rules and young children' s media use[J]. American behavioral scientist, 2005, 48 (5): 608-623.

[99] Aesaert K, Van Braak J. Gender and socioeconomic related differences in performance-based ICT competences[J]. Computers & Education, 2015, 84: 8-25.

[100] Anastasiades P S, Vitalaki E, Gertzakis N. Collaborative learning activities at a distance via interactive videoconferencing in elementary schools: Parents' attitudes[J]. Computers & Education, 2008, 50 (4): 1527-1539.

[101] Soykan E. Views of Students', Teachers' and Parents' on the Tablet Computer Usage in Education[J]. Cypriot Journal of Educational Sciences, 2015, 10 (3): 228-244.

[102] Wu C S T, Fowler C, Lam W Y Y, et al. Parenting approaches and digital technology use of preschool age children in a Chinese community[J]. Italian journal of pediatrics, 2014, 40 (1): 1-8.

[103] Valentine G, Holloway S. On-line dangers? geographies of parents' fears for children's safety in cyberspace[J]. The Professional Geographer, 2001, 53 (1): 71-83.

[104] Zhu S, Yang H H, Macleod J, et al. Parents' and students' attitudes toward tablet integration in schools[J]. The International Review of Research in Open and Distributed Learning, 2018, 19(4): 223-241.

[105] Aesaert K, van Braak J. Exploring factors related to primary school pupils' ICT self-efficacy: A multilevel approach[J]. Computers in Human Behavior, 2014, 41: 327-341.

[106] Symons K, Ponnet K, Walrave M, et al. A qualitative study into parental mediation of adolescents' internet use[J]. Computers in Human Behavior, 2017, (73): 423-432.

[107] Kreijns K, Van Acker F, Vermeulen M, et al. What stimulates teachers to integrate ICT in their pedagogical practices? The use of digital learning materials in education[J]. Computers in human behavior, 2013, 29 (1): 217-225.

[108] Prior D D, Mazanov J, Meacheam D, et al. Attitude, digital literacy and self-efficacy: Flow-on effects for online learning behavior[J]. The Internet and Higher Education, 2016, (29): 91-97.

[109] Davis F D. User acceptance of information technology: System characteristics, user perceptions and behavioral impacts[J]. International journal of man-machine studies, 1993, 38 (3): 475-487.

[110] Chau P Y. Influence of computer attitude and self-efficacy on IT usage behavior[J]. Journal of Organizational and End User Computing(JOEUC), 2001, 13 (1): 26-33.

[111] Hsu M H, Chiu C M. Internet self-efficacy and electronic service acceptance[J]. Decision support systems, 2004, 38 (3): 369-381.

[112] Clark L S. Parental mediation theory for the digital age[J]. Communication Theory, 2011, 21(4): 323-343.

[113] Vekiri I, Chronaki A. Gender issues in technology use: Perceived social support, computer self-efficacy and value beliefs, and computer use beyond school[J]. Computers & education, 2008, 51 (3): 1392-1404.

[114] Elsaesser C, Russell B, Ohannessian C M, et al. Parenting in a digital age: A review of parents' role in preventing adolescent cyberbullying[J]. Aggression and Violent Behavior, 2017, (35): 62-72.

[115] Khurana A, Bleakley A, Jordan A B, et al. The protective effects of parental monitoring and internet restriction on adolescents' risk of online harassment[J]. Journal of youth and Adolescence, 2015, 44 (5): 1039-1047.

[116] Rodríguez-de-Dios I, Van Olsten J M & Igartua J. A study of the relationship between parental mediation and adolescents' digital skills, online risks and online opportunities[J]. Computers in Human Behavior, 2018 (82): 186-198.

[117] 吴砥，王美倩，杨金勇. 智能时代的数字素养：内涵、价值取向与发展路径[J]. 开放教育研究，2021，27（03）：46-53.

[118] 陈凯泉，何瑶，仲国强. 人工智能视域下的数字素养内涵转型及AI教育目标定位——兼论基础教育阶段AI课程与教学实施路径[J]. 远程教育杂志，2018，36（01）：61-71.

[119] 方佳诚. 初中数字技术学科关键能力影响因素及模型的实证研究[J]. 教学与管理，2018（06）：29-32.

[120] 熊璋. 加强青少年数字素养教育的重要意义[J]. 国家治理，2016（3）：41-45.

[121] 于晓雅. 人工智能视域下教师数字素养内涵解析及提升策略研究[J]. 中国教育学刊，2019（8）：70-75.

[122] 汪明. 基于核心素养的学生智能素养构建及其培育[J]. 当代教育科学，2018（02）：83-85.

[123] 任友群，冯仰存，郑旭东. 融合创新，智能引领，迎接教育数字化新时代[J]. 中国电化教育，2018（01）：7-14，34.

[124] Chandran B, Golden B, Wasil E. Linear programming models for estimating weights in the analytic hierarchy process[J]. Computers & Operations Research, 2005, 32 (9): 2235-2254.

[125] 李刚，李建平，孙晓蕾，等. 主客观权重的组合方式及其合理性研究[J]. 管理评论，2017，29（12）：17-26，61.

[126] 罗照盛. 项目反应理论基础[M]. 北京：北京师范大学出版社，2012.

[127] Georg Rasch. Probabilistic models for some intelligence and attainment tests[M]//Copenhagen: Institute of Educational gence and attainment test. Chicago: Institute of Educational Research, 1960.

[128] 晏子. 心理科学领域内的客观测量：Rasch 模型之特点及发展趋势[J]. 心理科学进展，2010，18（8）：1298-1305.

[129] Koc M, Barut E. Development and validation of New Media Literacy Scale (NMLS) for university students[J]. Computers in human behavior, 2016, 63: 834-843.

[130] 谭小莉，彭文波，李祚山. 新一轮高考综合改革背景下选考科目分数转换与合成方法初探[J]. 中国考试，2018（11）：27-37.

[131] Hu X, Gong Y, Lai C, et al. The relationship between ICT and student literacy in mathematics, reading, and science across 44 countries: A multilevel analysis[J]. Computers & Education,

2018，12（5）：1-13.

[132] Skryabin M，Zhang J J，Liu L，et al. How the ICT development level and usage influence student achievement in reading，mathematics，and science[J]. Computers & Education，2015，85：49-58.

[133] Banik P，Kumar B. Impact of information literacy skill on students' academic performance in Bangladesh[J]. International Journal of European Studies，2019，3（1）：27-33.

[134] Skryabin M，Zhang J J，Liu L，et al. How the ICT development level and usage influence student achievement in reading，mathematics，and science[J]. Computers & Education，2015，85：49-58.

[135] Siddiq F，Scherer R. Is there a gender gap? A meta-analysis of the gender differences in students' ICT literacy[J]. Educational research review，2019，27：205-217.

[136] 杨浩，韦怡彤，石映辉，等. 中学生数字素养水平及其影响因素研究——基于学生个体的视角[J]. 中国电化教育，2018（08）：94-99，126.

[137] Voogt J. Computer literacy in secondary education：The performance and engagement of girls[J]. Computers & education，1987，11（4）：305-312.

[138] Jones C，Ramanau R，Cross S，et al. Net generation or Digital Natives：Is there a distinct new generation entering university? [J]. Computers & education，2010，54（3）：722-732.

[139] Tsai，Pei-ShanTsai，Chin-Chung，et al. Elementary School Students' Attitudes and Self-Efficacy of Using PDAs in a Ubiquitous Learning Context[J]. Australasian Journal of Educational Technology，2010，26（3）：297-308.

[140] Jackson L A，Zhao Y，Koleniclll A，et al. Race，gender，and information technology use：The new digital divide[J]. CyberPsychology & Behavior，2008，11（4）：437-442.

[141] Taylor A，Dalal H A. Gender and information literacy：Evaluation of gender differences in a student survey of information sources[J]. College & Research Libraries，2017，78（1）：90-113.

[142] Reinen I J，Plomp T. Information technology and gender equality：a contradiction in terminis? [J]. Computers & Education，1997，28（2）：65-78.

[143] 王美，随晓筱. 新数字鸿沟：数字技术促进教育公平的新挑战[J].现代远程教育研究，2014（04）：97-103.

[144] Stufflebeam D L. The CIPP model for evaluation[M]. Evaluation models. Springer，Dordrecht，2000：279-317.

[145] Scheerens J. School effectiveness research and the development of process indicators of school functioning[J]. School effectiveness and school improvement，1990，1（1）：61-80.

[146] Aziz S，Mahmood M，Rehman Z. Implementation of CIPP model for quality evaluation at school level：A case study[J]. Journal of Education and Educational Development，2018，5（1）：189-

206.

[147] Wu D, Li C C, Zhou W T, et al. Relationship between ICT supporting conditions and ICT application in Chinese urban and rural basic education[J]. Asia Pacific education review, 2019, 20(1): 147-157.

[148] 侯杰泰，温忠麟，成子娟.结构方程模型及其应用[M]. 北京：教育科学出版社，2004.

[149] 曾天山，祝新宇，万歆. 义务教育学校数字化建设成效分析——基于全国31省2000余所学校的调查[J]. 教育研究，2018，39（04）：23-31，67.

[150] 向莉莉. 初中教师使用数字化教学资源对课堂教学效果影响的研究——以龙山县第二中学为例[D]. 陕西师范大学，2017.

[151] 兰义湧，马琳. 南疆地区中小学教师数字化应用水平现状及对策研究［J］. 中央民族大学学报（自然科学版），2020，29（1）：59-65.

[152] 杨臻. 河南省中小学教师数字技术应用能力现状与对策[J].农村经济与科技，2018，29（04）：231，233.

[153] 赵建华，郭光武，郭玉翠. 基于ICDT模型的教师ICT能力发展监测分析[J]. 电化教育研究，2017，38（07）：122-128.

[154] Lai Y L, Guo S J, Tsai C H. Using collaborative teaching and inquiry-based learning to help elementary school students develop information literacy and information technology skills[C]. European Conference on Information Literacy. Springer, Cham, 2014: 436-445.

[155] 卢春，邢单霞，吴砥. 城市和农村学校数字化应用水平发展差异及影响因素分析[J]. 现代远距离教育，2018（06）：13-20.

[156] 张思，刘清堂，熊久明，等. 教师混合式培训中的同侪互助模式与支持策略研究[J]. 电化教育研究，2015，36（06）：107-113.

[157] 卢春，尹博雅，李广玲，等. 农村教师数字教育资源应用能力影响因素的多层线性分析[J]. 现代远距离教育，2020（03）：70-78.

[158] 罗江华，王静贤，周文君. 乡村教师参与网络研修：条件、问题及调整策略[J]. 教育研究，2018，39（10）：138-146.

[159] 卢春，曹清清，阳小，等. 区域数字化教学应用评估及提升策略研究——以西部G省为例[J]. 现代远距离教育，2018（04）：50-58.

[160] 孙妍妍，吴雪琦，王超，等. 中小学教师数字化教学能力调研[J]. 开放教育研究，2021，27（01）：84-93.

[161]康玥媛，吴立宝. 中小学教师数字技术应用能力现状调查研究[J]. 天津师范大学学报（基础教育版），2016，17（03）：41-47.

[162]杨福义. 我国中小学教师教育数字技术的应用状况及其影响因素——基于全国数据库的实证分析[J]. 华东师范大学学报（教育科学版），2017，35（06）：116-125，157.

[163]吴砥，周驰，陈敏. 互联网+时代教师数字素养评价研究[J]. 中国电化教育，2020（1）：56-64，108.

[164]Rodríguez-de-Dios I，van Oosten J M F，Igartua J J. A study of the relationship between parental mediation and adolescents' digital skills，online risks and online opportunities[J].Computers in Human Behavior，2018，82：186-198.

[165]Zhang H，Zhu C. A study of digital media literacy of the 5th and 6th grade primary students in Beijing[J].The Asia-Pacific Education Researcher，2016，25（4）：579-592.

[166]Morin A J S，Morizot J，Boudrias J S，et al. A multifoci person-centered perspective on workplace affective commitment：A latent profile factor mixture analysis[J].Organizational Research Methods，2011，14（1）：58-90.

[167]安徽省人民政府办公厅. 安徽省人民政府办公厅关于印发安徽省智慧学校建设总体规划（2018—2022年）的通知[EB/OL].http：//www.ah.gov.cn/public/1681/8265251.html.

[168]Lau W W F，Yuen A H K. Developing and validating of a perceived ICT literacy scale for junior secondary school students：Pedagogical and educational contributions[J]. Computers & Education，2014，78：1-9.

[169]Markauskaite L，Goodwin N，Reid D，et al. Modelling and evaluating ICT courses for pre-service teachers：What works and how it works?[C]//International Conference on Informatics in Secondary Schools-Evolution and Perspectives. Springer，Berlin，Heidelberg，2006：242-254.

[170] Wijaya S W & Surendro K. ICT literacy as an indicator of e-government readiness. [EB/OL]. http：//www.usd.ac.id/06/publ_dosen/ wisnu_ti/ict.pdf.

[171]Segars A H. Assessing the unidimensionality of measurement：A paradigm and illustration within the context of information systems research[J]. Omega，1997，25（1）：107-121.

[172]陈宇帅，温忠麟，顾红磊. 因子混合模型：潜在类别分析与因子分析的整合[J].心理科学进展，2015，23（03）：529-538.

[173]Morin A J S，Marsh H W. Disentangling shape from level effects in person-centered analyses：An illustration based on university teachers' multidimensional profiles of effectiveness[J]. Structural Equation Modeling：A Multidisciplinary Journal，2015，22（1）：39-59.

[174]Walker S K，Dworkin J，Connell J. Variation in parent use of information and communications

technology：Does quantity matter?[J]. Family and Consumer Sciences Research Journal，2011，40（2）：106–119.

[175]Scherer R，Siddiq F. The relation between students' socioeconomic status and ICT literacy：Findings from a meta–analysis[J]. Computers & Education，2019，138：13–32.

[176]郑明珠. 小学生使用家用电脑情况的城乡对比研究[D]. 山东师范大学，2014.

[177]Aesaert K，Braak J. Exploring factors related to primary school pupils' ICT self–efficacy：A multilevel approach[J]. Computers in Human Behavior，2014，41：327–341.

[178]Jones T L，Prinz R J. Potential roles of parental self–efficacy in parent and child adjustment：A review[J]. Clinical psychology review，2005，25（3）：341–363.

[179]李波，熊震融，张滢，等. 发展中国家学生ICT水平对个体科学素养的影响研究——基于PISA数据[J].教育测量与评价，2020（01）：42–52.

[180]Rodríguez–de–Dios I，Oosten J M F，Igartua J J. A study of the relationship between parental mediation and adolescents' digital skills，online risks and online opportunities[J].Computers in Human Behavior，2018，82：186–198.

[181]中国互联网络信息中心. 第47次《中国互联网络发展状况统计报告》[EB/OL].http：//www.cac.gov.cn/2021–02/03/c_1613923423079314.htm，2021–02–03.

[182]胡鞍钢，周绍杰. 新的全球贫富差距：日益扩大的"数字鸿沟"[J]. 中国社会科学，2002，（3）：34–48，205.

[183]Office of Educational Technology. The National Education Technology Plan[EB/OL].https：//tech.ed.gov/netp/introduction/，2022–04–02.

[184]马建军，杨琴. 信息技术教师缘何离职：基于个案的叙事探究[J]. 教师教育研究，2021，33（2）：45–52.

[185]钟柏昌. 高中信息技术必修课实验与实验室建设探索[J]. 中国电化教育，2019，（3）：16–21.

[186]教育部. 关于印发《普通高中课程方案和语文等学科课程标准（2017年版）》的通知[EB/OL]. http：//www.moe.gov.cn/srcsite/A26/ s8001/201801/t20180115_324647.html.

[187]司秋菊，钟柏昌. 教师对高中信息技术新课标的认知调查报告——不同课程模块的差异分析[J]. 电化教育研究，2020，41（4）：86–92.

[188]吴砥，朱莎，余丽芹，等. 中小学生信息素养评价[M]. 北京：科学出版社，2020.

[189]教育部. 教育部关于全面深化课程改革落实立德树人根本任务的意见[EB/OL]. http：//www.moe.gov.cn/srcsite/A26/jcj_kcjcgh/201404/ t20140408_167226.html.